朝日新書
Asahi Shinsho 913

60歳から めきめき元気になる人

「退職不安」を吹き飛ばす秘訣

榎本博明

朝日新聞出版

60歳から めきめき元気になる人

「退職不安」を吹き飛ばす秘訣

目次

第3章　喪失の悲しみをどう乗り越えるか？　115

第5章 これからの人生に希望を与えてくれる先人の言葉や生き方 195

図表作成／谷口正孝

プロローグ　私たちは人生で3度路頭に迷う

高齢者のイメージがつかみにくい時代になった

超高齢社会と言われるように、平均寿命の延びとともに高齢者が年々増えている。総人口に占める65歳以上の人口の比率を高齢化率というが、今や高齢化率はほぼ30％、総人口のじつに3割が65歳以上の高齢者なのである。

明治時代には男女とも40年余りであった平均寿命が、医療の進歩などもあって今では80年以上になっているのだから、65歳以上の人口が増えるのは当然である。

だが、ここで指摘しておきたいのは、65歳以上の高齢者とひと口に言っても、いかにも老人といった感じの人から、まだまだ若い感じの人までいて、個人差がたいへん大きいことである。

年齢とともに個人差が著しくなるのは、ごく自然なことである。みんなが同じような生活を送る学校時代と比べて、社会に出てからの生活には大きな個人差がみられる。そして、それは拡大していく。

営業を長くやっている人は人当たりが良くなるものである。教師を長くやっている人は面倒見がよくなったり説教口調が目立つようになったりする。どんな地位になっても謙虚さを忘れずけっして偉ぶらない人もいれば、管理職を長年やっているうちに偉そうな態度を取るようになる人もいる。このように、元々の性格による個人差に職業や地位などの個人差が掛け合わさり、その差がしだいに拡大していく。

そこに仕事面だけでなく私生活の個人差が掛け合わさっていく。趣味や友だちづきあいで豊かな私生活を楽しんでいる人と、仕事以外に打ち込むものもなく人づきあいもほとんどない人とでは、まるで違ったイメージになるはずだ。

だから、65歳になる頃には著しい個人差がみられるようになるのは当然のことではある。でも、最近の65歳前後の人たちを見ると、単なる個人差だけでなく、これが高齢者の仲間入りをする人なのだろうかと疑問に思わざるを得ない人があまりに多いような気がする。

私が若かった頃は、55歳で定年退職するのが一般的であり、65歳というともう退職して10年も隠居生活を続け、余生を送っている老人といったイメージだった。だが、今の65歳はそんな感じでない人が圧倒的に多い。

そのため、65歳以上を高齢者とする現行の制度を見直して、75歳以上を高齢者と定義し直すべきではないかといった議論もあるくらいである。ただし、そうした議論には、税収や年金に関係した政府の思惑も絡んでいると思われるので、政策面についての議論には注意が必要ではあるが、65歳を超えても元気な人がとても多くなっており、高齢者のイメージがつかみにくくなっているのは事実であろう。

かなり以前のことだが、心理学者のニューガーテンは、高齢期をヤング・オールド期とオールド・オールド期に分けることを提案し、それを踏まえて日本でも65〜74歳までを前期高齢期、75歳以上を後期高齢期として区別するようになってきた。認知能力の衰えなどのデータをもとに、この区切りは75歳ではなく80歳が適切ではないかといった議論もある。また、90歳以上を超高齢期とすることもある。

だが、前述のように個人差が著しいことからして、こうした区切りは個人によってかなり違ってくるはずである。

そんな時代の60代、あるいはそれに続く70代を前向きに生きていくにはどうしたらよいのだろうか。それは、退職を目前にした人や退職後の生活に入っている人にとって、非常に気になることのはずだ。

退職後の人生の成否は経済状況に大きく左右されると世間では言われている。そうした面があるのは否定できない。しかし、似たような経済状況にあっても、イキイキと充実した心で暮らす人もいれば、絶望に打ちひしがれて虚しい心で暮らす人もいる。

そこで大切となるのが心の世界のあり方である。高齢期を生きていく自分の境遇をどのように受け止めたらよいのか。退職後は何をして過ごせばいいのだろう。自分の人生をどんな方向にもっていきたいのか。自分にとっての居場所はどこにあるのだろう。

仕事や職場、社会的役割、人とのつながり、若々しさなど、さまざまなものを失うとき、そうした喪失をどのように受け止め、またどう乗り越えていったらよいのだろうか。

あり余る時間をどうやって埋めたらよいのだろう。仕事に代わる没頭できるものって、自分の場合、何があるだろうか。どうしたら自分の人生を意味あるものと感じられるだろうか——。

本書では、そうしたことを考えるための指針を示していきたいと思う。

青年期の出口、中年期、そして老年期の入り口

人生において、生き方の再編を求められる時期が、少なくとも3度ある。

青年期になると、児童期までのような無邪気さに陰りが見え、自我の目覚めと言われる

ように自意識に苛《さいな》まれるようになる。友だちと自分の違いを強烈に意識し、ときに「なんで自分はこうなんだろう?」と自己嫌悪に苛まれたり、「自分らしく生きたい」という思いを強めたりする。でも、どんな生き方が自分らしいのかがわからず、「自分らしさって何だろう?」といった疑問、いわゆるアイデンティティをめぐる問いが頭の中の大きな部分を占めるようになる。

学校を卒業し社会人になることで青年期は終わりを告げることになるが、職業選択を迫られる際に、アイデンティティをめぐる問いとの格闘は最も活性化する。

「どんな生き方が自分にふさわしいのか?」「自分らしい人生にするには、どうしたらいいんだろうか?」といった問いと絶えず向き合い、迷い悩むことになる。これが青年期の出口における迷いの時期、人生最初の迷いの時期である。

必ずしも自分の適性や価値観にぴったり合う職業が見つかるとも限らないし、現実には大方の場合、受かった会社に就職するしかないわけだが、何とか就職することで、ひとまずは職業選択の迷いから解放される。

社会に出てしばらくは仕事や職場への適応に必死にならざるを得ないため、アイデンティティをめぐる問いは後退していく。仕事生活が徐々に軌道に乗ってくる20代、そして働き盛りの30代を過ぎる頃から、いわゆる中年期の危機がやってくる。人生2番目の迷いの時期だ。

心理学者のレビンソンは、この時期を人生半ばの過渡期と位置づけ、自分の生活のあらゆる面に疑問を抱き、「もうこれまでのようにはやっていけない」と感じ、新たな生き方を模索し始める時期であるとする。なぜなら「どんな生活でも自己のもつすべての面を生かし続けることはできないから」であり、「生活構造をつくり上げるには、選択をし、なにを優先させるかを決めなければなら」ず、「どれかを選択するということは、その他の多くの可能性を断念するということ」だからだという（レビンソン著　南博訳『ライフサイクルの心理学（上）』講談社学術文庫）。

そこで、中年期になると、多くの人はこれまでの人生を振り返り、「このまま突っ走ってしまってよいのだろうか？」「何か忘れていること、見失っていることはないだろうか？」「これが自分が望んでいた人生だったのだろうか？」「はたして自分らしい人生になっているだろうか？」「何かを変えるなら今のうちだ」というように、青年期を終えて社会人になってから長らく蓋《ふた》をしておいたアイデンティティをめぐる問いが頭をもたげてくる。ふとした瞬間に自分を振り返ると、そうした問いが心の中で活性化していることに気づく。

そこで転職したり脱サラしたりと思い切って生活を変える人も出てくるが、同じ仕事を続けるにしてもプライベートとのバランスなど何らかの変化が生じる場合もある。だが、家族を養うため、老後の資金を蓄えるため、あるいは住宅ローンの返済に追われるなど、経済的条件を無視するわけにはいかず、アイデンティティをめぐる問いを再び抑圧し、自分を振り返りつつあれこれ考えるのをやめて、ひたすら仕事生活に邁進《まいしん》する人も少なくない。

だからこそ、勤勉に働き必死に稼いできた職業生活を終える老年期の入り口に差し掛かったとき、抑圧が緩み、アイデンティティをめぐる問いが活性化するのである。職業生活の縛りから自由になるのだから、今度こそほんとうに「自分らしい生活」をつくっていくチャンスと言える。

定年が近づきつつあるとき、あるいは定年後の再雇用の期限切れが目前に迫ったとき、「これから何をして過ごせばよいのだろうか?」「どうしたら心地よい毎日にできるのだろうか?」「多少の収入を得ながら、自分らしく暮らすには、いったいどうしたらよいのだろう?」などといった思いが頭の中を駆けめぐる。その答えは、簡単には見つからないのがふつうだ。

職業的役割から解放され、自由になるにあたって、どうしたら自分にふさわしい生活になるのか、どんな生き方が自分らしいのかがなかなかわからず悩む。

人生の大きな転換点に差し掛かったとき、私たちは自分自身を振り返り、自分が納得できる生き方を模索するが、最も身近なはずの自分が、どうもよく見えない。自分を振り返る余裕もなく職業生活を突っ走ってきた人ほど、そうした傾向がみられる。つかみどころのない自分を前に、心は路頭に迷う。人生3番目の迷いの時期に差し掛かるのだ。

生産性からの解放が輝きをもたらす

高齢期における最も大きな特徴は、職業を失うことだとされる。その意味において、定年退職というのはきわめて大きい喪失体験と言わなければならない。それで落ち込み、鬱っぽくなる人もいる。だが、このことをもっと前向きにとらえると、生産性からの解放ということになる。利潤追求といった世俗的な目標のために働く産業用ロボットのような生き方から解放されるのである。

そこで求められるのが価値観の転換である。

夏目漱石の描く高等遊民のように、世俗的な労働を免れて好きなことをして暮らすことは、特別な資産家の家庭に生まれない限り許されないものである。ところが、定年退職の日まで一生懸命に働いてきたご褒美であるかのように、そのような立場が手に入るのである。

落ち込んでいる場合ではない。もっとワクワクしてこの先の人生に期待すべきではないのか。

稼ぐために仕事をする場合は、稼ぎにつながることをするしかない。だが、目的追求の手段として何かをするのではなく、やること自体を楽しめばいいとなれば、何をするのも自由である。プロセスそのものを楽しめばいいのだ。

いわば子ども時代の遊びと同じ感覚で、何にでも取り組むことができるのである。趣味を楽しむのもいいし、仕事をするにしても、稼ぎにこだわらずにやりたい仕事を選ぶことができる。

そう考えれば、生産性からの解放は、自分らしい人生に軌道修正するための大きなチャンスと言えないだろうか。退職後の時期を第2の青春期とみなすのも、社会に出て以来ずっと縛られてきた生産性追求の原理から自由になるからと言える。

でも、いきなり自由だと言われても、どうしたらよいのか、なかなかイメージが湧かないだろう。それは社会に出る前の青年期に似ている。自由が手に入る時期は迷い悩む時期でもあるのだ。ただし、その迷いも悩みも、非常に前向きのうれしい迷いであり悩みなのである。

自分はどちらかというと会社人間であるといった自覚がある場合は、60代になる前から脱・会社人間の心の準備をしておくことも大切だ。職務上の役割以外に、趣味でも勉強でも関心を広げ、準備体操的なことをしておくのがよいだろう。

定年延長や再雇用の動きも活発化しており、退職まではまだ時間があるという人も、目の前の職務にばかり没頭するのではなく、いきなり職業的役割を失い、通う場所がなくなったときのことを想像してみよう。怖ろしく、不安になるのではないだろうか。何にでも心の準備は必要である。

もうすでに定年退職し、再雇用の時期に入っている人や職場から完全に離れている人は、今の自分の状況や気持ちを振り返りながら、今後のことを考えてみよう。

最大のストレス源は「変化」である

私たちは変化に弱い。医学の祖とされるギリシア時代のヒポクラテスは、変化が病気をもたらすことを早くも見抜いていた。

これまでの職業生活を振り返っても、転勤、人事異動、担当する顧客が変わる、上司が変わるなど、変化は大きなストレスになったはずだ。昇進のようなうれしい出来事も、職務内容の変化という意味で大きなストレスとなる。

私生活でも、引っ越し、失恋、離婚、病気による行動制限などの変化は大きなストレスになっただろうし、結婚や子どもの誕生のような祝福される出来事も、生活パターンの変化という意味でストレスをもたらしたはずだ。

このように、日常生活にもさまざまな変化によるストレスがつきものだが、職業生活に初めて乗り出すときの変化と職業生活から引退するときの変化は際立っており、それによるストレスは深刻なものとなりがちである。

通う場がない。担うべき役割がない。居場所がない。そんな老人たちが、病院を居場所にしたり、集団で太極拳をしたり、ゲートボールに興じたりするのを見て、ああいうのは自分には合わないなと40代の頃に思っていたけど、いざ自分が60代になってみると、どうしたらいいのかわからない。自分はどうしたいのかと自らに問いかけても、何もビジョンが描けない、高齢期を生きる自分の姿のイメージが浮かばない。そのようにこぼす人がいるが、多くの人にとって、それは他人事《ひとごと》ではないはずだ。

この大きな変化をどうやって乗り越えていくか。それを考えるためのヒントを、以下の各章で示していくことにしたい。

第1章　高齢期への突入をどう受け止めるか？

残り時間が気になってくる

若い頃は、もちろん自分の人生の残り時間を気にするようなことはなかった。今の時間の流れが永遠に続くような感覚で毎日を過ごしていた。実際、平均寿命からみても、持ち時間の大半がまだ残っているわけだから、べつに気にする必要などなかった。

ちょうど働き盛りの頃から中年期にかけて、平均寿命の中間点を通過しているはずだが、目の前のすべきことに追われ、持ち時間があとどのくらいあるのかとか、先のことについて考える余裕がなかった。というよりも、平均寿命の中間地点であってもまだ40年くらいあるのだから、とくに考える必要もなかったのだろう。

ところが、50代にもなると、退職まであと何年などと数えるようになり、職業生活の残り時間、さらには人生の残り時間が気になるようになる。

そして60代になり、定年退職したり、再雇用で以前とは違う契約条件で働いたりするようになると、平均寿命の4分の3以上を過ぎているため、あと残り時間は10数年しかないかもしれないと考えるようになり、これからの人生を後悔のないように生きていかなければばといった思いが強まる。

人生の残り時間への意識に関して、多くの人がたどる流れは、だいたいこのような感じなのではないか。

残り時間を意識するようになると、悔いのない人生にすべく、自由に動き回れるうちにやりたいことを思う存分やっておきたいと思うようになる。

在職中は、たとえ仕事のやりがいを感じていたにしても、職業上のさまざまな縛りがあり、自分の思うように動けないことも多々あったはずである。それが、退職によって何の縛りもない生活を送れるようになったわけである。

せっかく職業的役割から解放されたのだから、これからは自分の好きなように生きたいと思うのも当然であろう。

ただし、これからは今が永遠に続くような感覚で生きていくわけにはいかない。残り時間を考えながら優先順位を検討し、まずはどのように過ごすかを決めていかねばならない。いくら長寿化しているといっても、やりたいことをして暮らせるのは、自由に動き回れる間に限られる。そこで気になるのが健康寿命だ。

健康寿命という言葉が気になる

平均寿命に対して、健康寿命というものがある。健康寿命とは、厚労省の資料によれば、「日常生活に制限のない期間の平均」のことである。言い換えれば、自由に動き回れる生活が何歳まで可能であるかということである。

たとえば、日本人の2019年の健康寿命は、内閣府の資料によれば、男性72・7歳、女性75・4歳となっている。

これに対して、同じ2019年の日本人の平均寿命は、厚労省の資料によれば、男性81・4歳、女性87・5歳となっている。

そうすると、平均的な男性の場合は、81歳くらいまで生きる可能性があるものの、自由に動き回れるのは73歳くらいまでであり、その後の8年間は不自由な生活を強いられる。平均的な女性の場合は、88歳くらいまで生きる可能性があるものの、自由に動き回れるのは75歳くらいまでであり、その後の13年間は不自由な生活を強いられるということになる。

このところ健康寿命という言葉が世間に広まってきたためか、これまでは平均寿命を念頭に置いて、まだかなり残り時間があると思い楽観していたけれど、健康寿命が尽きないうちにやりたいことをやっておきたいと思い、少し焦ってきたという人もいる。以前は毎日ただ何となく暮らしてきたけれど、健康寿命というものを知ってからは、自由に動けるうちに気になることをしておかなければと思い、気が引き締まって、だらだらすることがなくなったという人もいる。

とくに持病があったり、身体の不調を感じることが多かったりすると、健康寿命は非常に気になるはずである。今は健康上の問題はとくにないという人でも、健康寿命ということを考えると、いつまで健康でいられるのか不安になるだろう。

でも、このように不安になるのも、けっして悪いことではない。先ほどの事例のように、何となく惰性で暮らしていた人も、健康寿命を意識することで気持ちが引き締まり、悔いのないように自分が納得できる生活に向けて踏み出すことができるかもしれない。

私たちは惰性に流されがちであり、今の生活を変えるには、かなりの覚悟がいる。すでに楽しく充実した生活になっているという場合はそのままでいいわけだが、なんか退屈だなあ、こんな生活がずっと続いてもつまらないなあと感じている人は、もっと楽しい生活に向けて一歩踏み出す必要がある。でも、つい面倒くさくなり、惰性で過ごしてしまいがちだ。そんな人にとっては、健康寿命を意識するのは、覚悟して一歩を踏み出すきっかけになるだろう。

若さに、しがみつこうとしない

平均寿命が80年の時代の60代は、人生の4分の3を歩んできたことになる。そんな60代の人にとって、遊びが生活そのものだった幼い子どもの頃や青春を謳歌していた学生時代はとても懐かしく、思い出すと心が温まるものである。受験勉強に苦しんだ頃のことも、今となっては懐かしい思い出であろう。

そうした懐かしい思い出に浸ることで、心のエネルギーを補給することができるし、それはストレス解消にもなる。その意味でも、心が疲れたときなどは、昔のことを思い出し、懐かしさに浸るのもよいだろう。

ただし、若かった頃を懐かしむのはよいが、若さにとらわれるのは禁物だ。

大学生を対象に行われた調査ではあるが、自分が若いことに価値を置いている者の方が、そうでない者よりも、高齢者に対する評価が否定的になりやすいことを示すデータもある。それは、考えてみれば当然だろう。

高齢者自身にしても、自分が年相応に成熟していることを肯定的にとらえていたり、経験が豊かなことや知識・教養が豊かなことを誇らしく思っていたりすれば、高齢者としての自分を肯定的に受け止めることができる。

だが、若さに価値を置き、成熟に価値を感じることができなければ、しだいに若さを失っていく自分を素直に受け入れることができず、高齢者としての自分を肯定的に受け止めることができないだろう。

容姿・容貌など自分の外見的魅力が支えだった人が、容色の衰えに脅威を感じ、自己イメージの揺らぎに苦しみ、何とか若さを取り戻そうと若づくりの装いをするなど、必死の抵抗をしている姿は痛々しい。エリートビジネスパーソンとしてバリバリ働くのが支えだった人が、定年退職して社会的役割を失ったことで、まるで別人のように精気をなくしている姿を見るのは悲しいものである。

そのような人たちが悲惨なのは、若かった頃の自己イメージにしがみつき、高齢期にふさわしい自己イメージ、それも肯定的な自己イメージをもつことができないでいるからである。

テレビのコマーシャルでも、雑誌やネット記事の広告でも、若さにしがみつこうとする人たちをターゲットにしたさまざまな商品が宣伝されている。そうした商品にも何らかの若返り効果があるのかもしれないが、いくら若さにしがみつこうとしても、若さを基盤とした自己イメージはいずれ手放さなければならない。蠟人形のように寿命が尽きるまで若さを保った老人などいないのだ。

若かった自分を懐かしむのはよいが、高齢期を生きる自分を肯定できるような自己イメージの形成がこの時期の課題であり、そのための自分磨きは、若かった頃の自分磨きとは当然ながら違ったものになっていくはずである。

これからは「今を生きる」ことができるようになる

そこで目を向けたいのが、退職後だからこそ手に入る大きな自由である。

これまでは日々ゆっくりと自分を振り返る間もなく、目の前の課題解決に向けて、あるいは課せられたノルマ達成に向けて、ひたすら走り続けてきた。そんな心の余裕のない生活から解放されるのである。

絶えず急《せ》かされている感じがあり、「今」をじっくり味わうことなく通り過ぎていくような毎日から解放されるのである。

定年退職というと、仕事を失う、職業上の役割を奪われるというように、なぜか否定的なイメージでとらえられがちである。でも、学生の頃、これから就職して何十年も働き続けなければならないと思うと憂鬱な気分になったりしなかっただろうか。そこまでではなかったという人も、自由を謳歌する学生時代が終わってしまうことに一抹の淋しさを感じなかっただろうか。

私たちは変化を恐れる。どんなに充実した生活をしている人であっても、惰性で動いている部分はあるものだ。そのため職業生活が終わりを告げる際には、これまで惰性で動いていた部分が失われ、生活のすべての部分を自分で組み立てていかなければならない。それには気力が必要だ。心のエネルギーを注入する必要がある。これまでのやり方を続けるわけにはいかない。それが不安をもたらし、ストレスになる。

私たちは、小学校に入学以来、時間割に縛られる生活が続き、就職してからは日々職務に縛られ、常にすべきことに向けて駆り立てられるような毎日を送ってきた。それが当たり前だったため、すべきことが与えられ、それに向けて絶えず駆り立てられる生活にすっかり馴染んでしまった。

だからそんな生活が終わることに大きな喪失感を抱き、大いに不安になる。でも、よく考えてみれば、時間割やノルマに縛られない生活こそ、ほんとうに自分らしい生活と言えるのではないだろうか。そんな生活がようやく手に入るのである。

幼い子を連れてハイキングに出かける父親が、家から駅に向かう道で、トンボや蝶が飛んでいるのを見て追いかけたりする子に、

「電車に乗り遅れるから、そんなもの追いかけないで速く歩きなさい」

と急かす。この場合は、電車に乗って郊外にハイキングに出かけるという目的のために駅までの道を急いでいるので、急かすのもやむを得ないだろう。

だが、やはり幼い子を散歩に連れ出した父親が、アリが自分の身体より大きい虫の死骸を必死になって運んでいるのをしゃがんで眺めている子に、

「いつまで見てるんだ。もう行こう」

などと急かす。散歩というのは、何か目的があって歩いているのではなく、散歩自体を楽しむものだろう。この場合、急かす父親と興味のままに漂う子と、どちらが散歩を楽し

んでいるだろうか。どちらが豊かな時間を過ごしているだろうか。

アリの観察に夢中になっている子は、散歩そのものを思う存分楽しむことができている。それに対して、そんな子を急かす父親は、何か別の目的のために歩くことに馴染みすぎたため、散歩そのものを楽しむことを忘れてしまっている。

これでおわかりのように、退職後は、何からも追い立てられずに、「今」を存分に味わいながら大切に生きることが許されるのである。学校に入る前の幼児期以来、ほぼ60年ぶりに、地に足の着いた生活を楽しめるのである。

もはや時間に追われて暮らす必要などないのだ。時間とのつきあい方に関して頭を切り換えることができれば、これまで以上に豊かな時間を過ごすことができる。

時を忘れるような瞬間をもつことで、「今」を充実させることができるし、時間的展望をめぐる葛藤からも解放される。時を忘れるような瞬間をもつこと自体が、悔いのない自分らしい過ごし方ができている証拠と言える。

文豪森鷗外は、日本人は「今を生きる」ということを知らないのではないかと、小説の主人公の日記の形をとって、つぎのように指摘している。

「いったい日本人は生きるということを知っているだろうか。小学校の門をくぐってからというものは、一しょう懸命にこの学校時代を駆け抜けようとする。その先には生活があると思うのである。学校というものを離れて職業にあり付くと、その職業をなし遂げてしまおうとする。その先には生活があると思うのである。そしてその先には生活はないのである。現在は過去と未来との間に画した一線である。この線の上に生活がなくては、生活はどこにもないのである。」

（森鷗外『青年』より）

産業用ロボットのように生きる必要がなくなる

新聞の広告欄にはよくビジネス誌の広告が出ているが、ときどきタイムマネジメントの特集が組まれたりしている。そんなタイムマネジメントの記事を参考に、もっと効率よく過ごさないと、と思ってきた人も、心のどこかでそんな生き方に虚しさを感じることがあったのではないだろうか。

きちんとタイムマネジメントをして無駄を削ぎ落とす。それによって効率良く仕事ができ、有能な社員になれる。そうした発想には、非人間的な生き方を強いられるビジネス界の厳しさが窺われるが、その根本には社員を使いやすい人材に仕立てるという考え方がある。

タイムマネジメントによって時間を節約することで、自分にとっての豊かな時間が生まれるわけではない。より多くの仕事を詰め込むための時間が生まれるだけである。それによって自分らしい生き方を模索する心の余裕は失われていく。

このように、これまでは生きる糧《かて》を得るための労働力に徹する必要があった。生産性向上の邪魔になるものはすべて無駄として切り捨てる。それはまるで産業用ロボットのような生活だったと言ってよいだろう。

でも、これからはそんな非人間的な日々を送らなくて済む。規則正しい毎日を繰り返す必要はないし、無駄をなくすべく効率的に過ごす必要もない。これまで効率性を重視してバリバリ働いてきた人ほど、無駄として切り捨ててきたものごとは多いはずだが、もう切り捨てなくてよいのだ。

これまで意味のあったことも意味を失う。利潤追求、コスト削減、顧客重視、コンプライアンス……そんなことのために自分の気持ちや欲求を抑え込む必要がなくなる。そして、これまで意味のなかったことの中から意味が湧き上がってきたりする。非効率、無駄、手間暇かかる、金がかかる……そうしたことを切り捨てない生活の中で、見失っていたものが見えてくる。

まさに価値観の転換を図るチャンスである。これまでの職業生活を貫いていた世俗的な価値観、儲けることを軸とした価値観から脱却してもよいのである。

これまでの人生に意味がなかったというのではない。人生のステージによって価値を置くべき事柄が違ってくるのだ。生活がかかっていた時期には、儲けるために働くのは義務であり、その義務をしっかり果たすべく一生懸命に働いてきたからこそ、ご褒美として価値観を転換することが許される立場を手に入れたわけである。

これからはこれまでと違う、もうひとりの自分を生きることができる。別の人生に踏み出してもいい。生活がかかっていたときにはできなかった生き方ができるのである。

ここはじっくり腰を据えて、これからの人生で重視する価値を再検討すべきだろう。時間はたっぷりあるのだ。

取り替え可能な機能的人材から、唯一無二の個性的人間へ

有能な働き手であった人ほど、組織のもつ評価軸上で高評価が得られるような働き方に徹してきたはずである。評価される人材としての自分を一生懸命に生きてきたと言ってよいだろう。

そのような人は、自分の気持ちや欲求を無視して、ひたすら効率的かつ生産的な毎日を送ってきたに違いない。ときに趣味人として充実したプライベート生活を楽しんでいる同僚を羨ましく思うことがあっても、そんな思いは即座に抑圧し、有能な機能的人材としての道を歩んできたのだろう。

でも、定年退職を迎える頃には、そのような機能的人材は簡単に取り替えがきくものであったことに気づく。自分が退職しても、代わりにその機能を担う人材がいて、組織には何の支障も生じない。そんな自分と違って、趣味人として充実したプライベートを楽しみながら仕事生活をこなしてきた人物は、けっして取り替えのきかない個性的な人生を送っている。

仕事一筋に生きてきた人ほど、そのことに気づいたときに受ける衝撃は大きい。いとも簡単に取り替えがきく人材に過ぎなかった自分。そんな自分の立場を意識することで、虚しさが込み上げてくる。これまでの仕事人生は何だったのだろうといった思いが脳裏をよぎる。これまでの自分の仕事人生すべてが無意味に思えてくる。

だが、それは人生のステージが変わったために起こる価値観の揺らぎであって、以前のステージでは大いに意味のある生き方をしていたのである。ステージが変わることによって、人生の選択肢が増えたため、これまでは我慢しなければならなかった生き方に堂々と踏み出せる立場になった。それで以前の生き方が色褪せてしまうのだ。

私たちは、言ってみれば多面体である。さまざまな欲求をもっている。

仕事で成果を出して有能さを発揮したいと思う自分もいる。何物にも縛られずに自由に漂いたいと思う自分もいる。でも、生きていくうえでは生活の糧を得る必要があるので、後者の欲求は抑圧し、前者の欲求充足のために仕事を頑張るしかない。

仕事で成果を出して周囲から認められたいという欲求のほかに、好きな音楽をやって暮らしたいという欲求を抱えている人も、多くの場合、後者の欲求は抑圧し、せいぜい週末に趣味として楽しむくらいにして、前者の欲求充足のために仕事に集中するしかない。

生活の糧を得るために、元々多面体である自分を一面的に封じ込めなければならない。それが定年までの仕事生活である。そんな封じ込めていた多面体の自分をいよいよ解放し、これまで抑圧してきた欲求を前面に掲げるチャンスが訪れたのである。

それは、まさに「自己実現」への道が開かれたとみなすべきではないだろうか。

健康に生きていくうえで満たすべき基本的欲求

自己実現というのは、よく耳にする言葉であり、だれもが知っているつもりになっているかもしれないが、誤解が多いようなので、ここで少し詳しく解説しておこうと思う。まずは、基本的欲求の階層構造について理解しておきたい。

欲に目がくらむとか、欲望に負けるなどという言い方があり、また禁欲という言葉もあるように、欲を好ましくないものとみなし、欲を抑え克服することで立派な人間になっていけるという考え方がある。

それに対して、心理学者マズローは、欲求というのはけっして悪いものでも抑えるべきものでもなく、満たすべきものだという。そして、人間が健康に生きていくうえで満たす

マズローの「欲求の階層説」

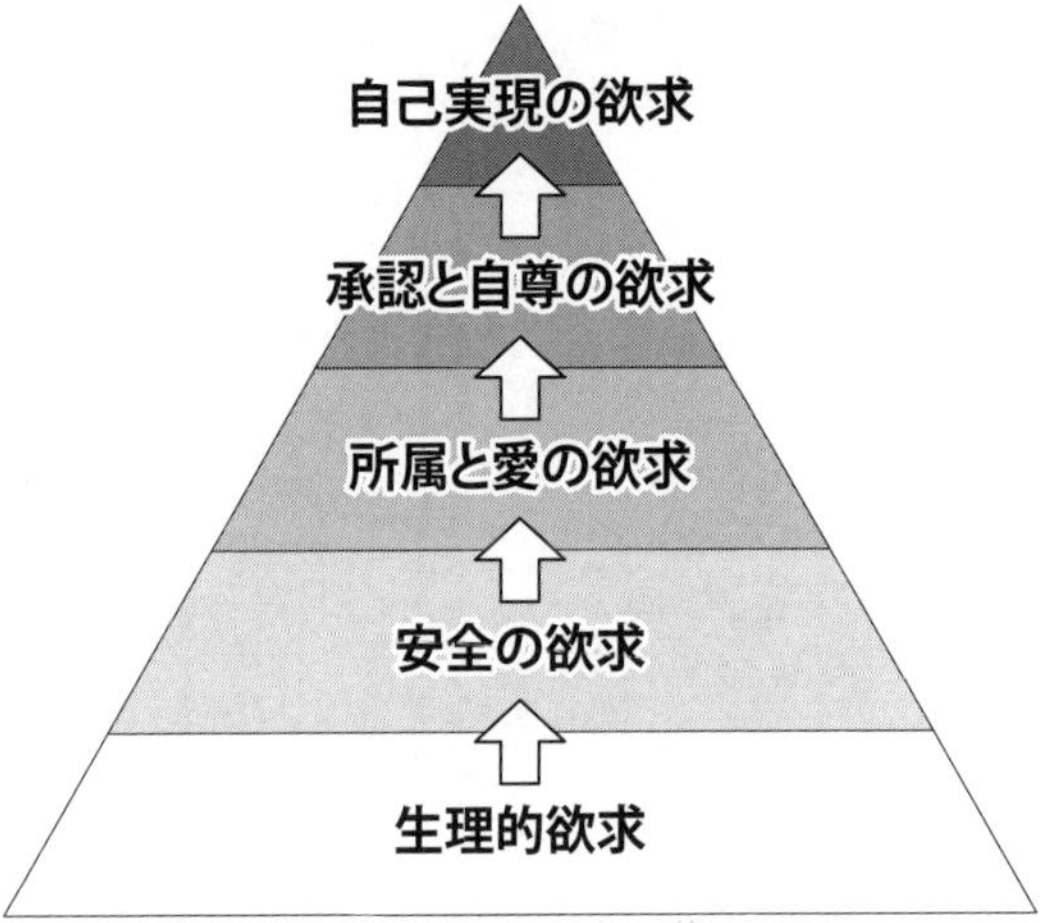

べき基本的欲求として、「生理的欲求」、「安全の欲求」、「所属と愛の欲求」、「承認と自尊の欲求」の4つをあげている。

そして、図のように、これら4つの基本的欲求の間に階層構造を想定している。下層にある欲求ほど低次元の欲求であると同時に、まず満たすべき基本的な欲求ということになる。下層の欲求がある程度満たされると、それより上層の欲求が人を動かすようになる。これが有名なマズローの「欲求の階層説」である。

最下層に位置づけられているのが「生理的欲求」である。生理的欲求とは、飢えを避けようとする食欲、渇きを癒そうとする水分補給の欲求、疲労を回復しようとする休養や睡眠の欲求など、生命の維持のために最低限必要不可欠な欲求が中心であり、性欲や刺激欲求、活動欲求なども含む。

あらゆるものを失った人間にとっては、生理的欲求が他のどんな欲求よりも優先すべき動機となるとマズローは言う。たしかに飢えに苦しむ者にとっては、生存のために空腹を満たすことが何よりも喫緊の課題であり、そんなときには自由を得ること、恋人をつくること、自尊心をもつことなど、とりあえずはどうでもよくなってしまう。極端な場合は、盗んででも、人を騙してでも、食い物を手に入れない限り生きていけないということだってあり得る。そんな状況では、自尊心もへったくれもない。

食べることに必要以上に執着したり、セックスなどの刺激や快楽に溺れたりする人の場合、より上位の欲求が満たされないために、下層の欲求段階に退行しているとみることができる。心の世界を共有できる親しい友だちができたり、愛情を向け合う恋人ができたりすると、生理的欲求への固着から解放されるかもしれない。何かで自信がもてるようになると、生理的欲求への依存度は自然に低下するものだ。

このように、下位の欲求がある程度満たされると、より上位の欲求の追求が始まる。上位の欲求の追求が挫折続きになると、退行が生じ、下位の欲求充足に甘んじるようになる。そこでエネルギーを補給しているといった面もあるが、そこに固着してしまうと、より上位の欲求を求めるという方向に向かわず、成長が止まってしまう。

生理的欲求がそこそこ満たされると、安全を求めるようになる。「安全の欲求」とは、身の安全や生活の安定を求める欲求、恐怖や不安を免れたいという欲求、混乱を避け秩序を求める欲求などである。具体的には、病気、事故や災害、失業、犯罪や治安の悪さなどを避けようという欲求である。

現代の豊かで平穏な時代には、野獣や暴漢に襲われたり、犯罪に巻き込まれたりすることは稀であり、戦争が起こったり恐慌に見舞われたりということも滅多にない。地震などの天災は免れようがないし、交通事故も毎日そこらじゅうで起きているが、自分が被害に遭う確率はきわめて低い。

だが、生活の安全や安定は、そのような劇的な出来事によって脅かされるだけではない。見慣れないもの、未知なものごとに対して身構えるのも、安全の欲求のあらわれと言える。貯蓄をしたり、保険を掛けたりするのも同様である。

慣れないことに迂闊《うかつ》に手を出すと痛い目に遭うこともある。銀行預金の数倍も儲かると言われ、慣れない投資に手を出して酷い目に遭ったという人は数え切れない。安全の欲求は、そうしたリスクを避けさせてくれる。

どんな会社でも、いつか倒産する可能性がまったくないわけではない。会社の方針に我慢できなくなって辞めることも絶対にないとは言えない。上司に逆らってクビになる可能性だってゼロではない。病気になってしばらく稼げなくなることもあるかもしれない。そう考えて、貯蓄をしたり、保険を掛けたりする。そうすることで日々安心して暮らせるのである。

安全の欲求がある程度満たされると、「所属と愛の欲求」が前面に出てくる。所属と愛の欲求とは、所属集団を求めたり、友だちや恋人・配偶者を求めたりする欲求である。

マズローは、生理的欲求や安全の欲求が満たされると、それまでと違って友だち、あるいは恋人や配偶者、子どものいない淋しさを痛切に感じるようになるという。そして、愛情に満ちた関係を求め、家族・仲間集団・職場といった居場所となる所属集団を求めるようになり、居場所を手に入れるためにあらゆる努力をする。

現代の都会生活では、生まれ育った顔見知りばかりの近隣社会で暮らすということは滅多になく、むしろ隣人と言葉を交わすこともないという人が多い。親の転勤やマイホームの取得に伴って引っ越すことで、転校したり近所の友だちと離ればなれになったりするのも珍しいことではない。自分自身の進学や就職、あるいは転勤・転職に伴って引っ越すこともある。

このような移動性社会には、孤独が蔓延している。根無し草のような頼りなさを感じ、どこかに落ち着きたい、心から安らげる居場所がほしいと思う。人との触れ合いを求めたり、居場所となる所属集団を求めたりするのも、当然の心理といえる。

所属と愛の欲求がある程度満たされると、「承認と自尊の欲求」があらわれる。承認と自尊の欲求とは、他者から認められたい、高く評価してほしい、自尊心をもちたいといった欲求である。

ここには2つの側面がある。1つは、名声、評判、社会的地位など、他者から承認され、尊敬されることを求める欲求である。もう1つは、強さ、達成、成熟、自尊心など、自分に対して自信と誇りをもちたいといった欲求である。

ほんとうの意味での自信をもつというのは、現代人にとって最重要課題と言える。人から認めてほしいという気持ちはだれもが強くもっている。

しかし、人からの評価にとらわれすぎると、人の顔色を窺い、人の反応に一喜一憂し、気持ちが落ち着かない。どっしりと構えて生活することができない。期待通りの反応が得られないと、「自分はダメだ」と落ち込んだり、「なんで認めてくれないんだ」「褒めてくれてもいいのに」と不満をもつことになる。人からどう思われているかが気になるあまり、自由に振る舞えないという人も少なくない。

自分を大きく見せようとする人間も、承認と自尊の欲求に突き動かされながらも、心の中では自信がないのだ。だから、虚勢を張ってでも人からの承認を求めずにはいられない。

そして、4つの基本的欲求がそこそこ満たされると、その上層に位置づけられる「自己実現の欲求」が頭をもたげてくる。自己実現というと活躍することや成功することと勘違いしている人が少なくないようだが、それは違う。これについては、つぎの項で具体的に解説する。

以上のように、マズローの欲求の階層説に基づいて考えると、現代人の心の状態や行動パターンが手に取るようによくわかる。基本的な欲求が満たされないとき、人は自分を見失い、衝動の奴隷になっていく。

欠乏欲求から成長欲求へ

生理的欲求、安全の欲求、所属と愛の欲求、承認と自尊の欲求の４つの基本的欲求は、「欠乏欲求」と呼ばれる。

それは、自分の中に欠乏しているものを求めようとする欲求だからである。空腹だから食べ物を求める。不安だから安定した収入を求める。淋しいから仲間を求める。自信がないから人から認められることを求める。こうした欲求の充足は、周囲の他者に左右される。自分ひとりで満たすことはできない。

これらの基本的欲求が満たされてくると、周囲に依存することが少なくなる。自立的に振る舞えるようになる。そこに潜在能力や個性の発揮の道が開かれる。自分の中に欠けているもの、不足しているものを周囲から獲得するといったスタイルを脱するにつれて、利害を超えて自由に周囲とかかわれるようになる。

たとえば、絵描きがいたとする。貧しくて食うに困る状況にあるとしたら、売れる絵を描く必要がある。それが売れないと困る。そうしないと食っていけないし、生活が安定しない。生理的欲求や安全の欲求に駆り立てられて絵を描くのだ。だが、売れてお金になるかどうか、いくらで売れるかは、買い手の動向による。ゆえに買い手がほしがるような絵を描くしかない。

経済的にまあまあ安定し、仲間もいる画家は、生理的欲求や安全の欲求、所属と愛の欲求がそこそこ満たされているため、承認と自尊の欲求に動かされる。たとえば、専門家から高い評価が得られるような絵を描きたいと思う。そこで、展覧会で入選するのを目標にして一生懸命に描く。めでたく入選し、高い評価が得られればよいが、頑張って描いても認めてもらえないこともある。そのため、人から認められたかどうかに一喜一憂することになる。

ある程度の評価を得て、自信をもつことができた画家は、基本的欲求がほぼ満たされるため、自己実現の欲求に動かされるようになる。そこでは、大衆受けしてお金になるかどうかや専門家から高い評価が得られるかどうかは、もはや重要ではなくなる。

自分の中から込み上げてくるものを表現したい。自分が感じ取った感動を見る人にも分かち与えたい。そんな思いで描くようになる。何かを周囲から獲得するために描くのではない。もう中身が充実してきた自分の内面を表現したい、周囲に何かを与えたいという欲求にしたがって描くのである。だから周囲に左右されずに描きたいものを描くことができる。

自分の中から湧き上がってくるもの、自分が感じ取ったものを表現したい。感動を伝えたい。自分の能力を何かのため、だれかのために活《い》かしたい。喜んでもらいたい。幸せな気持ちになってほしい。愛情を注ぎたい。認めてあげたい。そんなふうに行動できるように成長したい、成熟したい。それが自己実現の欲求に動かされるということだと言える。ゆえに、自己実現欲求は、「成長欲求」と呼ばれる。

自己実現というと、自分が活躍すること、目立つこと、成功することであるかのような誤解があるが、本来はそのような利己的なものではない。また、特別に才能豊かな芸術家や発明家などのように異才を放つ人だけが到達できるものというわけでもない。

もっと自分らしく生きたい、自分の潜在的なものを開花させたい、美しい生き方がしたい、善い人生を送りたい、心豊かな日々を送りたいといった思いに駆られるようになる。それが自己実現の欲求に動かされるということである。

ごく平凡な生活の中でも、満ち足りた気分で自分の個性を発揮している人。周囲に何かを与えることができる人。よりよく生きたいと一生懸命に生きている人。そうした人は、自己実現に向けての成長のプロセスを歩んでいると言える。

自己実現の15の要素

私は若い頃に、マズローの自己実現理論に基づいて、自己実現傾向を測定する心理尺度を開発し、各種学会で発表したりしてきた。だが、そのような立場からすると、このところ世間で言われている自己実現という言葉は、本来の意味とはまったく違ったニュアンスで用いられているように思われてならない。

自己実現している人の例として、メディアで取り上げられる著名人をイメージする人が多いようである。しかし、仕事で活躍している実業家や政治家、芸能人などをみていて、自己実現とは無縁の、むしろ利己的な欲望を剝き出しにした見苦しさを感じることがある。

あるいは、良心的に仕事をしていても、切羽詰まった感じで気持ちに余裕がなかったり、周囲に振り回されたりして、とても自己実現とは無縁の生活をしているとしか思えなかったりする。

自分なりに納得できる生き方を模索するうえで、自己実現とはどのようなことを指すのかについて、改めて考えてみる必要があるだろう。

マズローは、自分の可能性を十分に実現している人間を自己実現的人間と呼び、精神的に健康な人間の極に置いているが、そのような自己実現的人間がもつ特徴として、つぎのようなものをあげている(マズロー著　小口忠彦訳『人間性の心理学』産業能率大学出版部)。

①現実の正確な認知
②自己、他者および自然の受容（ありのままを受け入れることができる）
③自発性
④問題中心性（自己にとらわれずに課題に集中できる）
⑤超越性（周囲に巻き込まれずにプライバシーを保てる）
⑥自律性
⑦鑑賞力の新鮮さ
⑧神秘的体験
⑨共同社会感情（人類との一体感）
⑩少数の友人や愛する人との親密な関係

⑪民主的性格構造
⑫手段と目的の区別（倫理的感覚）
⑬悪意のないユーモアのセンス
⑭創造性
⑮文化に組み込まれることに対する抵抗

退職後こそ、自己実現への道に踏み出す条件が手に入る時期

前項で自己実現に向かううえでの基本的な要素を示したが、たとえば「⑦鑑賞力の新鮮さ」というのは、何気ない日常の中でちょっとしたことにも感動する心をもつことを指している。

桜の花の美しさに感動する。道端の雑草を見て、生命の逞《たくま》しさを実感する。餌をついばむ雀《すずめ》を愛おしさを込めて眺める。そんな心をいつの間にか失ってはいないだろうか。それでは自己実現への道を歩めない。

「②自己、他者および自然の受容」も自己実現の基本的な要素だが、その中の「自己の受

容」を考えてみると、自己実現を勘違いして、活躍したいのに活躍できない、輝きたいのに輝けない、どうしたら活躍できるのだろう、どうしたら輝けるのだろうといった葛藤を抱えてきた人は、ありのままの自己を受容できず、自己にとらわれすぎている。それは、「問題中心性」という観点からしても、自己にとらわれ本来の課題に集中できないことになる。これでは自己実現から遠ざかってしまう。そのような人も、職業生活を終えることで、ようやく地に足の着いた生活ができるようになる。

利潤追求のため、あるいは権力獲得のために戦略思考に走り、ときにライバルを蹴落とすような策略をめぐらしたり、消費者に必要のないものを買わせようと策を練ったりしてきたという人も、本人は仕事で自己実現を目指してきたつもりかもしれないが、じつは自己実現から遠ざかる生き方にはまっていたのである。

そのような生き方は、「⑨共同社会感情」や「⑪民主的性格構造」、そして「⑫手段と目的の区別」といった自己実現の基本的な姿勢に反するものであり、自己実現から遠ざかる姿勢と言わざるを得ない。職業生活を終えることで、もうそのような見苦しい姿勢を取る必要はなくなったのである。

今はグローバル化の時代だし、グローバルに勝ち残るにはきれい事を言っていられない、どんな手段を使ってでも勝たなければならないといって事業拡張のために策をめぐらしてきた人もいるだろう。そんな人は倫理観を失っているという意味で「⑫手段と目的の区別」ができていないばかりでなく、「⑮文化に組み込まれることに対する抵抗」という自己実現の基本的な姿勢をもたず、いかに金儲けがうまくいっても自己実現とは無縁の生き方をしてきたことになる。そのような人も、職業生活を終えることで、ようやく自己実現への道に踏み出すことができる。

「⑩少数の友人や愛する人との親密な関係」も自己実現の基本的な要素だが、仕事にうつつを抜かして、親密な関係をもつことができないままに定年退職までできてしまったという人もいる。仕事絡みの人脈づくりに励むばかりで、仕事を離れた親密なつながりがないようでは、いくら仕事で成果を出したとしても、非常に淋しい人生になり、自己実現とはほど遠い。

こうしてみると、自己実現という言葉がいかに曲解されて世の中に広まっているかがわかるだろう。

私生活の中で、趣味に浸ったり、親しい友だちと楽しく過ごしたり、恋人や配偶者と気持ちを共有したりして、充実した心豊かな日々を過ごす。もちろん、そこに仕事が加わってもよいし、ボランティアによる社会貢献活動が加わってもよい。そのような過ごし方こそが、ごくふつうに可能な自己実現への道と言えるのではないだろうか。

その意味において、定年退職後は、まさに自己実現への道に踏み出すのに絶好の時期と言ってよいだろう。

第2の人生といわれてもイメージが湧かない

そこで気になってくるのが、世間でよく言われている第2の人生という言葉だ。職業生活から離れることを悲観せずに、定年退職を機に、あるいは再雇用の終了を機に、新たな生活を構築しようという気持ちになったとしても、どんな生活にしたらよいのか、そのイメージが湧かない。そんな戸惑いの声を耳にすることが多い。

むしろ定年後の人たちの方が、定年を前にした人たちよりも、趣味などの活動への関心が高く、幸福度が高く、精神的健康度が高いということを示す心理学者濱田綾と齋藤誠一による調査データもある。このような現象には、定年後の具体的展望がもてるかどうか、その不安や戸惑いが影響しているのだろう。

もちろん積極的に第2の人生に踏み出す人もいる。よくあるパターンのひとつが、それまでの仕事経験を活かして、再就職先を見つけたり、自ら起業したりするものである。これらは、自分が身につけてきた知識やスキル、人的ネットワークなどを活かせるという意味でリスクは少ない。起業の場合は、ものによっては大きなリスクを伴うが、生活の糧を得るために働いていた頃と違って、確実な儲けにこだわる度合いが少ないため、これまで控えていた冒険ができるということもあるだろう。

第2の人生を軌道に乗せるには早いうちから助走しておく方が良いと考えて、50代から資格取得などの準備を始める人や、定年まで待たずにチャンスがあれば定年後の年齢になっても続けられる仕事に転職したりする人もいる。

具体的にどんな第2の人生にしたいかはまだイメージできないけれども、とにかく組織に依存する会社人間を脱するようにしないと定年退職時に困惑するだろうと考えて、勤務時間後や休日にカルチャーセンターや大学などの社会人クラスで勉強や趣味の講座に通い始めたという人もいる。

会社勤め中に自分の職務上の役割をしっかりこなし、やり切ったという充足感が退職後の自己肯定感につながるということもあるので、目の前の職務に没頭することも大事だ。

でも、その職務が突然なくなるときのことを考えると、職務上の役割以外に、勉強でも趣味でも何か会社の仕事以外に没頭できるものをつくっておくことは大切である。

第2の人生に踏み出す決断は、このところ年齢的にはどんどん先送りされつつある。というのは、高齢化が進んでいることから、政府が定年延長を推奨したり義務づけたりしているためである。

2023年4月時点で言えば、企業は60歳未満の定年は禁じられ、65歳までは就業機会を確保するよう義務づけられ、70歳までの就業機会の確保も努力義務とされている。2021年4月には高年齢者雇用安定法の一部が改正され、70歳までの定年の引き上げ、定年制の廃止、70歳までの継続雇用制度の導入などのいずれかの措置を講ずることが努力義務とされた。

そうした政府の政策のためか、60歳以降の就業率はこのところ年々上昇している。総務省の「労働力調査」によれば、2021年における年齢層ごとの就業率は、60〜64歳：71・5％、65〜69歳：50・3％、70〜74歳：32・6％、75歳以上：10・5％となっている。

10年前の2011年と比べると60代の就業率の伸びがとくに大きく、60〜64歳でも65〜69歳でも14ポイント以上伸びている（2011年はそれぞれ57・1％、36・2％）。

こうしてみると、少し前の世代では60歳頃に第2の人生が始まるものだったが、最近では定年が延長されたり、再雇用やそのさらなる延長があったりするため、65〜70歳頃に第2の人生のスタート台に立たされる人が半数ほどになっていることがわかる。

こうした動向が各種メディアを通して伝わってくるため、定年後もみんな働くようになっているんだと思い込み、仕事から引退していることに引け目を感じる人もいるようだが、そんな必要はない。たとえば、60代後半で50％が働いているといっても、半分は働いていないのである。また、その就業形態は時間数や日数などもさまざまである。

しかも、60歳過ぎても、65歳過ぎても働くようにという方針には、税収を増やしたい、年金支払いを先送りしたいといった政府の目論見も絡んでいるとみられるので、仕事せずに趣味などで充実した生活をしている人は、その生活を大切にすべきだろう。そんな生活が手に入るのは、長年働いてきたご褒美なのだと思って、充実した趣味人の生活を思う存分楽しめばいい。

働いている高齢者の方が健康度が高いとか、健康寿命が長いといった調査データも示され、働くべきだといった論調になりがちだが、やることがなくて退屈しているよりも、やることがあって充実している方が、心身の健康のために良い、というように解釈すべきだろう。やることは仕事でも趣味でも、何でもよいのである。

このまま流されていてよいのかといった焦り

中年期の危機ということがしばしば言われてきたが、定年前後の時期にも同じような危機に見舞われるようになってきた。それは、寿命の延びによって、定年後が単なる余生では済まされなくなってきたからである。

考える間もなく仕事や職場への適応に必死になっていた時期を過ぎて、少し余裕が出てくる中年期に、「このまま流されていてよいのだろうか？」「目の前のことに追われて、このまま突っ走ってしまってよいのだろうか？」「退職時に後悔するような人生にしたくない」「軌道修正するなら今のうちだ」などといった心の声が聞こえてくる。それが中年期の危機と言われるものである。

定年前後の時期にも、「再雇用に乗るのが安心だが、ずっとこの会社でよいのだろうか？」「ずっとこの仕事で満足なのだろうか？　せっかく全然別の第2の人生もあり得るのに、後悔しないだろうか？」「一度きりの人生、この流れに乗ったままで後悔しないだろうか?」「年金のほかに少し稼げればよいのだから、定年延長よりも、ほんとうに自分がやりたいことをして暮らすべきじゃないだろうか?」「職業生活から解放されることも可能なのに、安心安全につられてこのまま働き続けてよいのだろうか?」などといった心の声が聞こえてくるようになる。

今ここで第2の人生に踏み出すか、まずは定年延長や再雇用で65歳とか70歳まで今のまま働き続けてから第2の人生に踏み出すか、健康寿命から考えてそんな歳になってから第2の人生に踏み出す気力があるだろうかなどといった悩みは、多くの人が経験するものと言ってよいだろう。

でも、どうすべきか迷い悩むというのは選択肢があるからであって、それは恵まれた立場であり、贅沢な迷いであり悩みでもある。また、それはより良い方向に生活を構築していきたいという思いのあらわれであり、向上心に裏打ちされたものと言える。だから、焦らずじっくり迷い、悩めばいい。より自分らしい、納得のいく人生にしていくための、いわば生みの苦しみと思えば、少しは気も楽になるだろう。

やり残したことはないだろうか。このまま人生が終わるとしたら、何か引っかかっていることはないだろうか。自分はどんな人生を生きたかったのだろうか。この人生に豊かな意味をもたせるにはどうしたらいいんだろうか。そんな思いが頭の中を駆けめぐる。職業生活を送るうえで蓋をしてきた自己のアイデンティティをめぐる問いが、中年期に続いてここで再び活性化するのである。それについては第3章および第4章で、より具体的にみていくことにしたい。

他の人はどうしているのかが気になる

退職後の生き方に、「こうするのが正しい」というような正解はない。だれにでも当てはまる絶対的基準などないのである。今の仕事を何らかの形で続けてもいいし、まったく違う仕事に挑戦してもいいし、趣味に没頭するのもいいし、畑仕事などで〝地に足の着いた〟生活を経験するのもいいし、とくに何もせずにのんびり暮らしてもいい。どう暮らそうが自由なのである。だからこそ迷うのだ。

そんなとき気になるのが、他の人たちの動向だ。「みんなはどうしてるんだろう?」と他人の動向を気にして、自分はどうすべきかの判断基準にしようとする。

これまでは毎朝起きて急いで身支度をし、朝食を簡単に済ませ、家を出ると、行くべきところがあった。だが、退職後は、朝起きても行くべきところはない。急いで身支度する必要もないし、朝食も急ぐ必要がない。すべてゆっくりでいい。何しろ、その後の予定がないのだ。

突然できた平日の自由時間。これまですべきことがいっぱい詰まっていた日常にぽっか

り穴が開く。さて、そこをどう埋めるかということになる。

NHK放送文化研究所が2015年に実施した「国民生活時間調査」によれば、60代の平日の自由時間の平均は5時間40分、70歳以上の平日の自由時間の平均は7時間22分となっている。ちょっと古いデータであり、その後、定年延長や再雇用が広まってきているので、今は自由時間の平均がもっと少なくなっているかもしれない。

しかし、こうしたデータはあくまでも平均値に過ぎない。相変わらずフルタイムで働いているため平日の自由時間がほとんどないという人もいれば、悠々自適の生活で平日の自由時間は休日と変わらず平均値より何時間も多いという人もいるはずである。

ゆえに平均時間にはほとんど意味はない。みんなの動向が気になるのはわかるけれども、平均より自由時間が多いとか少ないとかにとらわれる必要はない。問題は、自由時間をどう使うかである。

他の人たちが自由時間をどのように使っているかを知ることは、「あ、そういう過ごし方もあるんだ」といった、思いがけない気づきのきっかけになるというメリットがある。同じく趣味に費やしていると言っても、運動系、散策系、交流系、工作系、文学系、芸術系など、ありとあらゆるジャンルがある。

毎日何時間もあるのだから、他の人の過ごし方を参考にしつつも、自分なりに充実し楽しめるような自由時間の過ごし方を模索したいものである。

持ち時間も心地よい過ごし方も人それぞれ

何らかの指針がないと不安だという心理はよくわかる。ゆえに、みんなの動向を知っておくのも悪くはない。統計的なデータや典型的な事例をみると、世の中の動向がわかるし、身近な元同級生や元同僚がどうしているかを知れば自分と似たような立場の人たちの動向がわかる。

だが、それをもとに自分も何歳までにはこうしなければ、などと焦る必要はない。

キャリアデザインがもてはやされているため、それに毒されて、「何歳頃にはこうでなければならない」「何歳までにはこんなふうになっていたい」といった発想に染まりがちだ。でも、縛りの多い職業生活から解放されるのだから、もっと自由な発想に切り替えてもいいだろう。

自分の人生はみんなと違っていいし、個性的でいい。個性的に生きたい、自分らしく生きたいという人が多い時代になったというのに、みんなの動向ばかり気にしているのはおかしいだろう。それでは自分らしい個性的な人生にしていけるとも思えない。

それに、多数派の真似をしたからといって心地よい毎日になるわけではないのは、学校生活でも職業生活でも経験済みのはずだ。みんなの生き方を見て、息苦しく感じたこともあったのではないか。みんなに合わせようと自分を抑えることもあっただろう。

もうそんな縛りから解放される、あるいは解放されたのだから、もっと気軽に構えてもよいのではないか。みんなと同じ過ごし方が自分にとって心地よいものになるとは限らない。

みんなが面白いというテレビドラマや映画をみても、全然面白くないというようなこともあるだろう。周りのみんながサッカーのワールドカップや野球のＷＢＣで盛り上がっていても、自分はまったく関心がないという人もいるだろう。感受性も関心も人それぞれだ。

持ち時間も心地よい過ごし方も人それぞれなのである。焦ることなく自分らしい過ごし方を模索していけばよいのではないか。

自分の心の声に耳を傾ける時間をもとう

自由にゆったり過ごすといっても、これまで何十年にもわたって勤勉に働き続けてきた人には、なかなか難しいかもしれない。やらねばならないことに追われ続けているときはゆったり過ごせる自由がほしいと思うものだが、いざそんな自由が手に入ると、どうにも落ち着かない。それが一般的な反応だ。

そこでやってみるとよいのは、読書を刺激として自分の心の中を探索することだ。これまで余裕がなくてできなかっただろうが、心の旅に身を任せるのだ。それには書物が力強い味方になる。

私は、大人への移行期の入り口でモヤモヤした思いを抱えがちな中高生に対して、つぎのようなことを勧めたことがある。高齢期への入り口でモヤモヤした思いを抱える人の心理に通じるものなので、少し長くなるが、ここに改めて示してみたい。

「何だかわからないけれども、心の中がざわついて落ち着かない。なぜかイライラしてしようがない。何だろう、この物足りなさは。何だろう、この焦ってる感じは。そんなふうに、言葉にならない衝動的なもの、感情的なものが、自分の中に渦巻いているのを感じることがある。

そのようなモヤモヤした心の内をだれかに伝えるには、それを言葉ですくい取らなければならない。言葉にしない限り、そうした経験について人に語ることができない。自分の思いを書いたり語ったりすることが大事だというのは、それが自分の過去の経験や現在進行中の経験を整理することにつながるからだ。

自分の内面で起こっていることを書いたり語ったりすることは、まだ意味をもたない解釈以前の経験に対して、書いたり語ったりすることのできる意味を与えていくことだと言ってよい。それによって経験が整理されていく。

その際、語彙が乏しいと、内面をうまく言語化することができず、なかなか頭の中が整理できない。つまり、思考が深まらない。内面のモヤモヤを言語化して思考を深めるには、語彙の豊かさが求められる。そうなると、本を読まない者が増えているという最近の風潮は、危機的と言ってよいだろう。

思考を深めるのに読書が役立つというのは、語彙が豊かになるという意味だけではない。自分自身を見つめる機会になるという意味もある。

本を読むことを情報収集と位置づけている人は、自分のしていることに今すぐ直接役立つ情報のみを求めて実用書ばかりを読む傾向がある。実学志向が強まっている今どきの学生にもそうした傾向がみられる。だが、それでは思考は深まっていかない。

本を読むことの意味は、けっして情報収集のためというだけではない。本を読んでいると、自分の記憶の中に眠っているさまざまな素材が活性化され、ふだん意識していなかった記憶の断片が浮かび上がり、それをきっかけにいろいろなことが連想によって引き出されてくる。『そういえば、あんなことがあった』『こういう思いになったことがある気がする』『同じようなことを考えたことがあったなあ』『あれはいつのことだったかなあ』『自分も似たような状況に陥ったことがあったな』などといった思いが頭の中を駆けめぐる。

このように、本を読むことは、自分を見つめ直すきっかけになる。本を読むことで、日頃忘れていた自分と出会うことができる。書かれている文章に刺激されて、長らく意識にのぼることがなかったいろんな時期の自分に触れることができる。

本を読まずにいると、そうした自分に触れる機会をもつことがないまま日常が過ぎていき、自分を見失うことになってしまう。

本を読むことには、自分自身に出会うという効用のみならず、異質な知識やものの見方・考え方に出会うという効用もある。

（中略）

心の世界を広げ、異質な他者に対する寛容な態度を身につけるという意味でも、読書によっていろんなものの見方・考え方に触れるのは大切なことである。

さらには、いろんな視点を自分の中に取り込むことで、物事を多角的にみることができ、深くじっくりと考えることができるようになる。

そうした読書の効用を活かすには、関心の幅を狭めずに、あえていろんな領域の本を読むように心がけるのがよい。」（榎本博明『読書をする子は○○がすごい』日経プレミアシリーズ）

これまで長年にわたって職務に没頭してきた人にとって、読書を刺激として自分の心の中を探索することは、新たな自己発見につながる。

もう組織や職務の拘束はないのだから、自分のしたいようにすればいいと思っても、どうしたらよいのかわからない。自分が何をしたいのかもわからない。だからこそ自分自身の心の声にじっくり耳を傾ける時間をもつようにすることが大切なのである。

第2章　居場所をめぐる葛藤の落とし穴

「張りのある毎日」を送っているだろうか

自分自身が人生に迷うことが多かったせいか、あるいは親しい友人が人生に迷い苦しむ姿を身近に見ることがしばしばあったためか、生きがい論や人生論、あるいはそうした問題をめぐって登場人物が思い悩む小説を読み漁ったものだった。

そして、学生時代に理系から文系に移って以来、生きがいや精神的健康の条件などについての関心をもとに、人生の意味や精神的健康、ストレスなどの研究を行い、それらを総合して自己物語の心理学を打ち出すに至った。

それは、だれもが自分なりに納得のいく人生を送りたいと思うものであり、そのためには自分のこれまでの人生の流れをどのように意味づけ、その物語的文脈に基づいて日々の経験にどのような意味づけをするかが重要であるという観点に立つものである。

自分が意味のある生活をしていると感じられるとき、心に張りが生まれるが、意味のない毎日を送っていると感じざるを得ないとき、心の張りは失われ、ストレスに満ちた日々が続くことになる。

心の張りのある生活をするためにとくに大事な要素が2つある。

それは、「やりがい」と「居場所」である。

2つとも十分に満たされているという人は多くはないだろうが、どちらかひとつでもある程度満たされていれば、それなりに張りのある生活になるのではないか。

極端なことを言えば、やるべきこと、没頭できることさえあれば、親密な人間関係が乏しくても、たとえ孤立していても、充実した時の流れに身を任すことで、張りのある毎日を送ることができるだろう。

反対に、とくにやりがいを感じることなどなくても、気持ちの通じる仲間とのやり取りさえあれば満ち足りた気分になり、それを支えに張りのある毎日を送ることができるだろう。

「やりがい」については次章以降で取り上げることにして、本章ではまず「居場所」について考えてみることにしたい。

通う場所がなくなることへの不安

定年退職を迎えた人にとって、あるいは定年退職を数年後に迎えるという人にとって、とくに大きな問題となるのは、何十年も毎日のように通ってきた職場に行く必要がなくなることである。

ずっと同じ職場に通い続けたという人ばかりでなく、転勤でいろんな土地にある職場に通ったという人も、転職でいくつかの違う会社に通ったという人も、毎日のように通う場所があったことに変わりはない。

それが、ある日を境にして、通う場所がなくなるのである。習慣によって朝早く目が覚めてしまっても、行くところがないのである。だれでも戸惑うはずだ。

それは、人生における最大の変化と言っても過言ではない。最大の変化は最大のストレスとなる。まさに危機的状況を迎えることになる。

とくに職場が居場所だった人にとって、定年退職は大きな危機となる。居場所がなくなるのである。家庭が主な居場所であった人や、趣味の集まりや勉強の集まりなど職場の外に主な居場所があった人はまだマシかもしれないが、とくに用事がなくても職場に出てきたり、勤務時間後も職場の仲間と食事や飲みに出かけるのが楽しみだったという人にとっては、心の支えだった居場所をいきなり失うことのダメージは計り知れない。

２０１８年にイギリスで、世界で初めて孤独担当大臣というものが誕生したのは大きな話題になったが、イギリスでは孤独対策として、慈善団体などによってメンズ・シェッド（男たちの小屋）という定年後の男性のための居場所づくりが行われている。定年を迎えた男性は孤独に陥りがちなので、そうした男性たちを引っ張り出して仲間と公園に置くベンチや遊具を作るなどのＤＩＹに取り組んでもらうのだという（ＡＥＲＡ　２０２２年3月7日号）。

日本でも高齢の男性が社会的に孤立しやすいことは各種調査によっても確認されている。２０１7年に国立社会保障・人口問題研究所により実施された「生活と支え合いに関する調査」では会話頻度を調べているが、60歳以上の男性では、1週間に1回程度が約9％、2週間に1回以下が約13％であり、60歳以上の男性の2割超が週に1回以下しか人と話していない。ちなみに話し相手は同居もしくは別居の家族が多いが、家族を含めても週に1回以下しか話すことがないという男性が2割もいるのである。

このような実態からすると、とくに高齢期の男性においては、話ができる相手がいるような居場所づくりを考える必要があるだろう。男性の場合、女性と違って、情緒的コミュニケーションに慣れていない人が多いので、それが定年後のハンディにつながっている面もあるだろう。

必要なことを伝える道具的コミュニケーションに対して、気持ちのふれあい中心のコミュニケーションが情緒的コミュニケーションである。男性の場合、必要なことは話しても、とくに話す必要もないのにおしゃべりをするのは苦手、という人が多い。そのことが、退職後の居場所づくりをしにくくしているのではないか。

人間関係力の乏しい人たちが増えているせいで、人間関係のレンタルというようなおかしな商売も登場した。

結婚式をする際に、友だちがいないのはみっともないということで、新郎あるいは新婦が友だちをレンタルしてもらうこともあるという。「いいね！」がたくさんほしくて、インスタ映えするような「華のある女性」を友だちとしてレンタルしてもらい、一緒に撮った写真を投稿する人もいるようだ。

人間関係をレンタルに頼るなんて、近頃の若者はどうかしてると思う人もいるかもしれないが、年配者にもレンタルを利用する人がいるのだ。

仕事一途で、人づきあいというと仕事絡みのつきあいばかりで、プライベートなつきあいがなかったため、定年退職をしたら相手がおらず、家にひきこもり気味となってしまい、これはまずいと思った家族から「友だちのレンタル」を勧められたという人もいる。一緒に居酒屋に行って飲みながらしゃべったり、そのあとカラオケに行ったりするのだという。

退職後の居場所づくりの深刻さを端的にあらわす事例と言える。

いつの間にか家庭が自分の居場所ではなくなっていることも

退職したら、会社でなく家が自分の居場所になるし、家で妻と一緒に楽しく過ごそう、これまでは仕事で忙しくて妻と過ごす時間があまりもてなかったけど、これからは一緒に趣味を楽しんだり、旅行したりして、妻との老後を楽しもう。そんなふうにのんきに考えていたのに、いざ退職して家にいるようになると、そのような期待は見事に裏切られるといったケースが少なくないようだ。

妻を外食に誘っても、散歩や買い物に誘っても、「私、いいわ、行くなら一人で行って」

いることに気づく。

と断られる。旅行に行こうと誘っても、同じく断られる。そこで初めて自分が拒否されて

心理学の調査などでは、新婚時には夫の愛情と妻の愛情に差はないのだが、時の経過とともに夫の愛情度はそれほど低下しないのに妻の愛情度は低下し続け、定年退職時には大きな差がついているというデータが示されている。

配偶者が生きがいの対象だとする高齢者の比率は、妻は夫の半分以下だというデータもある。妻は夫よりも家族以外の友人との交流を楽しむ傾向が強いようである。それには、夫の場合、仕事に追われ職場の人間関係中心に生きてきたため、プライベートな友人関係が妻よりも薄いということが関係しているのだろう。実際、「女子旅」などといって年輩の女性同士が旅行する姿はよく見るが、「男子旅」はあまり見かけない。

仕事が生きがいだった夫の場合は、たとえ「亭主元気で留守がいい」などといった扱いを受けていても、仕事に没頭しているときは、自分がそうした扱いを受けていることに気づかないことが多い。

ところが、定年退職して、昼間も家にいるようになり、ようやく自分が疎外された存在であることに気づいて愕然とするのである。しかも、一生懸命に働いて家族を養ってきた

つもりなのに、粗大ゴミとか産業廃棄物とか濡れ落ち葉などと言われる立場に自分が置かれているわけである。やるせない気持ちになるのも当然だろう。

定年よりも前に、そうした兆候に気づく人もいる。それは、早めに覚悟を決めて対処することができるチャンスでもあるのだが、嫌な現実を直視できずに逃避してしまう人も少なくないようだ。

たとえば、働き盛りの時期を過ぎ、残業やつきあいも少なくなり、早く家に帰るようになったときに、そうした兆候に気づく。帰宅してもよそよそしい空気があり、妻からも、まだ同居している子どもたちからも、歓迎されていないのを感じる。何だか邪魔者扱いされているように感じたり、一緒に食事しても会話が途切れがちで気まずい感じになる。

家に帰ってからの息苦しさ、居場所のない淋しさ、妻や子どもたちと顔を合わせたときの気まずさ、無視される腹立たしさ。そんなことを思い出すと、とても帰る気がしない。

それで、とくに急を要する仕事がなくても会社に残ることになる。自発的残業をしたり、自ら望んで休日出勤をしたりして、家庭にいるときに襲われる疎外感を紛らすためにひたすら仕事に向かう。だが、そのように職場を居場所にしている限り、家庭に居場所をつくることはできない。

仕事帰りに道草的な寄り道をする人もいる。帰宅した後の家での居場所のなさを考えると、家に帰る勇気が挫《くじ》け、行きつけの店で一杯やって時間を潰してから帰る。これは職場や家庭以外の第3の空間を居場所にしようとの試みと言える。

このような事例が多いことから、夫の帰宅恐怖症候群などと言われたことがあったが、未だにそうした疎外状況が改善されているとも思えない。家庭に自分の居場所がないと感じる場合は、しっかりと現実を見つめ、何とか対処法を考える必要がある。その際に、踏まえておきたいのが、配偶者の心理状況である。

配偶者といるときの居心地の悪さに苦しんでいるのは、じつは夫だけではないのだ。原因不明のめまいや胃痛、手足のしびれ、動悸、不眠、耳鳴り。病院でいくら検査をしても異常はみつからない。問診をしていくと、そうした症状の原因が夫にあることがわかってくる。そんなケースが増えているという。

思い当たる原因を振り返ってもらうと、「そういえば、主人が定年退職して家にいるようになってから眠れなくなりました」「主人が何か言うたびに心臓がキュッと痛みます」などといった話が出てくる。そのため、夫が家に居続けることによるストレスで妻が病気になるのかもしれないと思い至った医学博士黒川順夫《のぶお》は、この病気を「主人在宅ストレス症候群」と名づけた。

最近では、早期退職や失業などで40代から50代でも家にいる男性が増えたため、夫の定年退職後に限らず、このような症状に苦しむ妻が増えているという。

夫の帰宅恐怖症候群といい、妻の主人在宅ストレス症候群といい、中高年の夫婦は深刻なコミュニケーションの問題を抱えていることが少なくない。目の前のやらないといけないことに追われているうちに、深刻なコミュニケーション・ギャップが生じ、お互いに相手の気持ちがわからなくなっている。話すたびにすれ違いを感じ、話すのが面倒になってしまう。

これでは家庭が心地よい居場所になるわけがない。

明治安田生命が2021年に実施した「いい夫婦の日」に関するアンケート調査によれば、夫婦円満な人では61・7%が夫婦共通の趣味があると答えているが、夫婦円満でない人では13・0%しか夫婦共通の趣味をもっていない。ここから夫婦で共通の趣味をもつようにすることが、家庭を心地よい居場所にする秘訣と言えそうである。だが、定年後に行動を共にしようとすると妻に拒否される夫が多いという実態があるわけで、定年前からの関係性のケアが大切と言える。

ちなみに、同調査によれば、夫婦間の年間のプレゼント予算はこうなっている。

夫婦円満な人は3万9568円、夫婦円満でない人は1万8533円であり、2倍以上の開きがみられる。

配偶者の誕生日にプレゼントをするのは、夫婦円満な人では60・9%なのに対して、夫婦円満でない人では26・5%と、これまた2倍以上の開きがみられる。

結婚記念日に配偶者にプレゼントをするのは、夫婦円満な人では29・5%であるのに対して、夫婦円満でない人では4・9%と、6倍もの開きがみられる。こうしてみると日頃の気持ちの交換の蓄積も大きいと言えそうである。

家庭に心の居場所がないときは物理的な居場所をつくる

いつの間にか家庭が心地よい居場所でなくなっているのに気づいても、即座に家庭での居場所づくりを諦めることはない。何しろ自分の家なのだ。まずは家の中に自分の基地をつくろう。自分だけの居場所をつくるのだ。

子どもの頃、自分の基地、あるいは仲間と自分たちの基地を空き地などにつくって、ワクワクしながら遊んだことがあるのではないか。私の場合は、放課後に仲間と集合住宅のベランダ下の金網を外して土台の中に潜り込み、そこを秘密基地にしていろんな物を持ち込んで過ごしたものだった。そこに潜るとワクワクした。

そんな秘密基地を家の中につくるのもよいだろう。たとえば、家の中の一部屋を自由に使える余裕があるなら、しっかり自己主張して自分専用の書斎にする。それが無理なら、部屋の一区画を確保する。カーテンなどで仕切ってもいいし、背の高い本棚で仕切ってもいい。

どんなに狭くても、自分専用の空間を確保するだけで、家庭に居場所感が出てくる。自分好みのインテリアを工夫するのもいいだろう。本棚に好きな作家の本や若い頃に読んだ懐かしい本を並べるのもいいだろう。

本棚は、その持ち主の心の世界を如実にあらわす象徴的なものとも言える。まだ本を読む時間があまりないという場合も、興味のある本、この先暇ができたら読んでみたいと思う本、これを読み通したら充実感が得られるなと思われるような全集などを並べてみるのもいい。いわゆる積ん読状態であっても、本棚を眺めることで豊かな気持ちになれるし、いつか読まなくてはといった前向きの気持ちになれる。さらには、並べられた本の背表紙を眺めているだけでも、そうした本に興味をもつ自分を見つめ直すきっかけになる。自分色に染められた本棚は、自分の心の成り立ちを示している。

そんな自分専用の空間で、本や雑誌を読んだり、ヘッドホンで音楽や落語を聴いたり、子どものようにプラモデルづくりに没頭したり、パズルに挑戦したり、白昼夢に耽ったり、どんな過ごし方でも楽しめばいい。

自分の空間を家の中にもつのが難しい場合は、近所に行きつけの喫茶店をつくり、読書や空想・妄想に耽る時間をもつようにするのもいいだろう。

ネットカフェを居場所にする人もいるかもしれないが、ネット接続はどこでもできるので、ときにはデジタル・デトックスを試みるべきではないだろうか。

デジタル・デトックスというのは、スマートフォンやパソコンなどのデジタル機器を一定期間手放すことを指す。

デジタル機器を通して絶えず人や情報とつながっていることにより、集中力が低下したり、思考停止状態に陥ったりするばかりでなく、イライラしやすくなったり、睡眠障害が生じたり、現実の人間関係が希薄化したりといった問題が生じやすい。

デジタル・デトックスは、そんな症状をもたらすデジタル機器のもつ毒に対する解毒作用を狙ったものと言える。スマートフォンを家に置いてくる必要はないが、くつろぎの時間には電源を切り、鞄の中やポケットにしまっておけばいいだろう。その方がひとりの時間を落ち着いて過ごすことができるはずだ。

図書館を居場所にする人もよく見かけるが、あらゆるジャンルの本が揃っており、DVDで音楽や映画も楽しめるし、しかも無料で自由に利用できる。図書館めぐりをして心地よく過ごせる図書館を見つけるのもよいだろう。

べつに居場所はひとつに定めないといけないというわけではない。定住民のような居場所づくりもあれば、遊牧民のような居場所づくりもある。

絵画や写真が好きなら美術館やギャラリーめぐりをするのもいいだろう。働いていたときのように忙しいわけでもないし、土日しか行けないわけでもない。空いている平日を選んでじっくり時間をかけて絵や写真を見て回ることができる。

大きな美術展などは、順繰りに見て回るだけでも足腰が疲れる。そのため腰掛けるソファーなどが置いてあるところも多い。休み休み回れば、気になる絵をじっくり眺めて空想に耽ることもできるし、ひと通り回ってから気になる絵のところに戻って時間を過ごすこともできる。

美術館などでは喫茶店が併設されていることがよくある。雰囲気の良い喫茶店が見つかれば、ますます居場所感が高まるはずだ。

文学が好きなら、地域ごとの文学館や作家ごとの文学館を回るのもいいだろう。企画展が変わるたびに行けば、結構馴染みの居場所にもなるし、そうした居場所がいくつもできることになる。

居場所の有無によって生きがい感が違ってくる

居場所があるかどうかで健康度や幸福度が違ってきて、それが生きがい感にも影響するというのは、生活者として実感するところではあるが、心理学的研究等によっても明らかになっている。その場合は、かかわる人がいるかどうかで居場所の有無が測定されている。

日頃からかかわる人がいるということは、その人と一緒にいる場が心の居場所になっていることを意味する。物理的に家があっても、家族との間に温かい心の交流がなければ心地よい居場所にはならない。

居場所を求めて競輪の場外車券売り場にほぼ毎日通うという74歳の男性がいる。5年ほど前から風邪のときや腰が痛いとき以外は、ゴールデンウィークもお盆もほぼ毎日、年間350日は通っているという。妻を亡くし、長年勤めた会社も辞めて年金生活に入った頃、家に閉じこもるのはいけないと思い、わずかな小遣いで日中を過ごす場所を探し、たどり着いたのが車券売り場だった（朝日新聞　2019年12月4日夕刊）。

ある車券売り場の運営会社によれば、会員数5400人の平均年齢は70歳を超え、ほとんどが年金生活者だという。一日の平均来場者数は700人ほどだが、偶数月の15日の後に増える。年金支給日が来ると増えるというのは、まさに60代以上の人たちの居場所になっていることの証拠と言える（同紙）。

ある自治体では、公民館や図書館で一日中新聞などを読んでいる定年後の男性たちがいることから、「男の居場所」の会が発足した。会員の平均年齢は80歳で、毎週1回の定例会のほかに、分科会やスポーツサークルが14もあり、自由に参加できる。分科会には、ヨーガやハイキング、歴史散歩、城めぐりなどがある。会長によれば、みんな地域に友だちができたと喜んでいる、前職については何も言わないのがルールなので上下関係がなく心地よいのだという（朝日新聞　2022年7月2日朝刊）。

イオンは、全国9店で早朝のラジオ体操向けの場などを提供している。東京の葛西店では、1周180メートルのウォーキングコースを設置し、無料で利用できるようにしているが、毎日100人以上が集まるという（同紙）。やはり高齢者の居場所になっているのだろう。

店内の人工的なコースを歩くだけでは物足りない、それなら街中や川辺などを散歩する方が気持ちいいという人もいるだろう。それももっともなことだが、人工的なウォーキングコースに集まる人たちは、仲間との交流を求めているのではないか。

カルチャーセンターや大学等の社会人向けの講座に通う人たちもいる。学期ごとに興味のある講座を探し、教室に通うだけでも良い刺激になる。通う場があるというだけでも居場所感が得られるが、そこで受講している人たちとの交流が生まれれば、ますますその感が高まる。

大学の社会人向け講座に7年間通っているという60代後半の男性は、退職した後、ただ家でのんびりするという気にはなれず、座学だけでなく実習もある農業系の講座に通っている。実習で土に触れるのは気持ちよく、そこでの学びを活かして、家の庭で農作物をつくるようになったという。

さらには、受講生の中には何年も前から通い続けている人たちもいて、そういう人が音頭を取って交流が盛んに行われるため、授業後も仲間たちとの賑やかなおしゃべりや気持ちのふれあいがあり、会社に代わる格好の居場所になっているという。

自分の居場所はどこにあるのかと考え込んでしまうとき

居場所をもつことが大切なのだとわかり、何とか居場所づくりをしたいと思っても、具体的にどうしたらよいのかわからないという人も少なくない。

会社勤めをしていた頃は居場所づくりなど意識したことがなかったが、今改めて考えてみると、勤めていた頃は自然に居場所ができていたのだと気づいたという人もいる。勤めていた頃は、職場の仲間と一緒に昼食を取りながらおしゃべりしたり、ときには仕事帰りに一緒に飲みに行ったりしていた。退職した途端にそうした日常が消え失せてしまった。自然に顔を合わせてしゃべるという機会がないし、ましてや自然に連れ立って食事に行く機会もない。わざわざ電話やメールで誘いかけない限り、会って話すこともないし、一緒に食事したり飲みに行ったりすることもない。組織を去っていった者に向こうから声をかけることもなかなかないだろうし、こっちから誘って忙しいなか無理してつきあってもらうのも心苦しいし、結局誘うのもためらわれ、勤めていた部署の仲間たちとはまったくつきあいがなくなってしまった。職場がなくなったことで仲間との交流もなくなり、改めて振り返ると、今の自分には居場所がないことに気づいた。そのように淋しい胸の内を語る人も少なくない。

元々職場の人と個人的に食事に行ったり飲みに行ったりすることはなかったという人も、退職してみると、職場が居場所になっていたのだと気づいたという。とくに個人的につきあうことがなくても、毎日顔を合わせていれば挨拶だけでなくちょっとした言葉を交わすこともあった。どうでもいいような雑談をしながら笑うくらいでも気が紛れるし、そんな相手がいる職場は自分にとって心地よい居場所だったのだ。ところが、退職して職場を失ってからは、雑談どころか挨拶する相手もいない。これはちょっとまずいのではないかと思い始めたという。

それでも家庭で配偶者と親しく話したり、一緒に仲良く出かけたりするようなら良いのだが、先述のように家庭にも気持ちよく言葉を交わす相手がいないようだと、どこにも居場所がなくなってしまう。そのことを意識したとき、自分がこの世界から疎外されているかのような感覚に襲われるのではないだろうか。

そんなときは、つまり職場もなく家庭も居場所になっていないときは、地域に居場所をつくるようにするといいなどと言われる。だが、これまで家を出たら通勤するだけで、近所で過ごすことなどなかったのに、これからは地域に根を張るようになどと急に言われても、それはなかなか難しい。

勤めていた頃から近所づきあいがあった人はよいが、そのような人は圧倒的な少数派だろう。そうでない人は、しゃべったこともない近所の人に突然声をかけても、おかしな人だと警戒されかねないし、どうすべきか戸惑ってしまうのではないか。

とくに自分から話しかけるのが苦手で、いつも人から声をかけられるのを待つタイプは、いきなり地域に居場所をつくるというのは難しいだろう。

何が何でも新たな人間関係を築かなければならないというわけではない。べつに人とかかわらなくても、前述のように、家の中に自分の空間をつくったり、行きつけの喫茶店や図書館などを居場所にしたり、美術館・博物館やギャラリーめぐりを楽しんだりして、心地よい居場所とするのもよいだろう。心地よい居場所をもつには、肩の力を抜くことも必要だ。

無理して趣味などのサークルに入るストレス

居場所づくりという意味で、居住地域などの社会活動への参加がしばしば推奨される。実際、定年退職後は地域の社会活動に参加することで心地よい居場所を得ている人も少なくない。でも、これまで職場にどっぷり浸かって過ごし、地域社会との接点がまったくなかった人が、いきなり地域社会を居場所にするように言われても、戸惑うばかりに違いない。

実際、定年退職に伴い居場所を失う人が多いため、地域での居場所づくりを支援すべく、地域デビュー講座を催す自治体も出てきている。地域デビューの第一歩を踏み出すのを促す試みだ。

2021年に内閣府により60歳以上を対象として「高齢者の日常生活・地域社会への参加に関する調査」が実施されているが、65歳以上のデータを集計した結果によれば、何らかの社会活動に参加したという人は51・6%となっており、半数が何らかの形で参加していることがわかる。

では、具体的にどのような社会活動に参加しているのだろうか。

最も多かったのが「健康・スポーツ（体操、歩こう会、ゲートボール等）」で27・7％であり、つぎに多かったのが「趣味（俳句、詩吟、陶芸等）」で14・8％。それと並んで「地域行事（祭りなどの地域の催しものの世話等）」が13・2％となっている。

その他、「生活環境改善（環境美化、緑化推進、まちづくり等）」が10・1％、「生産・就業（生きがいのための園芸・飼育、シルバー人材センター等）」が7・4％、「安全管理（交通安全、防犯・防災等）」が6・1％、「教育関連・文化啓発活動（学習会、子ども会の育成、郷土芸能の伝承等）」が4・6％、「高齢者の支援（家事援助、移送等）」が2・4％、「子育て支援（保育への手伝い等）」が2・0％などとなっている。

こうした結果をみると、65歳以上の人たちの半数は地域社会の活動に参加している。その大半は健康維持のための活動か趣味の活動であることがわかる。また、少数派ではあるが、環境改善、安全・防犯、教育・文化啓発、子育て支援などの地域貢献の活動に参加する人もいる。

その調査では、生きがいを感じる程度についても尋ねている。

全体のほぼ4分の3が生きがいを感じていると答えてはいるものの、何らかの社会活動に参加している人の84・7％が生きがいを感じているのに対して、参加していない人で生きがいを感じているのは61・7％であり、かなりの差がある。このような結果をみると、地域の社会活動への参加は生きがい感を高める効果があると言えそうである。

「日本老年学的評価研究機構」の調査によれば、社会参加している高齢者は、社会参加していない高齢者と比べて、9年後の要介護リスクは0・82倍、死亡リスクは0・78倍であった。つまり、社会参加することによって、9年後の要介護リスクや死亡リスクを減らせることがデータで示されたのである。

2017〜18年にかけて「東京都健康長寿医療センター研究所」の相良友哉たちが60歳以上を対象に実施した調査によれば、週1回以上友人と交流している人の比率は男性より女性の方が高いが、町内会活動や地域のイベント、趣味の活動などに参加している人の比率は男性の方が高かった。

このように、女性の方が友人や近所の人と日常的に交流している人が多いというのは、多くの調査結果で示されていることだが、男性の場合、これまで地域に根を下ろしてこなかったハンディを補うべく、自治会活動や趣味の活動などへの参加を積極的に行っているということなのだろう。

自治会活動としては、町内会の日常的な運営、清掃活動、防災活動、祭りの準備・運営などがある。趣味の活動としては、俳句、詩吟、コーラス、カラオケ、絵画・版画、写真、料理、太極拳、フラダンス、歩く会など、さまざまなものが実施されている。

元々カラオケが好きだったこともあり、会社の仲間と飲みに行った後はスナックでよく歌っていたが、定年退職後は誘う相手もいないので一人カラオケを楽しんでいたものの、何だか淋しいので近所のカラオケスナックに通うようになったら仲間ができ、そこが心地よい居場所になったという人もいる。このように、とくに組織された趣味の会でなくても、積極的に行動することで居場所ができることもある。

だが、そうしたパターンよりは組織された趣味の会への参加の方が実際は多く、そこで趣味を同じくする仲間ができたというのが一般的だろう。いずれにしても、積極的に参加しない限り、新たな人間関係はつくれないし、居場所づくりはできない。

ただし、集団活動にはややこしい人間関係がつきものである。

いろんな性格の人がいて、それまでのキャリアもさまざまである。いきなりプライベートに土足で踏み込んでくるタイプの人に戸惑ったり、あまりに価値観の違う人に嫌悪感を抱いたりすることもあるだろう。マイペース過ぎる人に手を焼いたり、過剰にお節介な人への対応に頭を悩ますこともあるかもしれない。リーダーシップを取りたがる人たちが対立したり、目立ちたがりの人たちが自慢話で張り合ったり、派閥抗争みたいなものに巻き込まれそうになったりすることもあるかもしれない。

そのようなときに、人間関係力のある人なら、無難にかわしたり、適度な距離感でかかわったり、うまく仲介したりできるだろう。でも、人間関係が上手でなく、気をつかいすぎてしまう人の場合、ストレス解消のためのものであるはずの趣味の活動が、かえってストレスになってしまうこともある。

とくに元々団体行動が苦手な人には、自治会活動や趣味の活動などの集団活動は大きなストレスになりかねない。ストレス解消のために居場所をつくりたいと思って趣味のサークルに入ったのに、その集団への適応に気をつかいすぎてストレスになるというのでは本末転倒だ。いくら社会参加が推奨されているといっても、そこまで自分をまげて無理をすることはないだろう。

若い頃からずっと団体行動が苦手だったのに、今さらそれに挑戦するとなれば、ストレスになるばかりである。それなら新しいつながりをつくろうとするより、学校時代とかのつながりをたどってみたらどうだろうか。会社時代のつながりよりは利害抜きに、役職関係などややこしいことも抜きにつきあえるのではないか。

それもなかなか難しいなら、行きつけの喫茶店やスナック、居酒屋をつくるなど、ひとりで寛げる居場所をもつようにする方がストレスにならず、よっぽど気楽だろう。大事なのは、心地よい居場所をもつことである。

数だけつながりを増やしても疲れるばかり

こうしてみると、人づきあいがある方が生きがい感が得られ、健康にも良いとはいっても、それは人それぞれだということがわかるはずだ。

人づきあいがまったく苦にならない人もいれば、人に気をつかって疲れる人もいる。ひとりでいるのが苦手でいつも人に囲まれていたいという人もいれば、絶えず人と一緒にいるのは疲れるのでひとりの時間がないと身がもたないという人もいる。

これまで何十年も人間関係の世界を生きてきたのだから、自分の心理傾向は何となくわかるはずだ。そこを踏まえて、無理に世間の動向に合わせようと焦らずに、自分なりのスタンスを決めていくべきだろう。

人づきあいが大好きな人なら、いろいろな場に顔を出し、多くの人に囲まれることで、豊かな時間を過ごすことができるだろう。でも、人づきあいが苦手な人の場合は、新たな場に顔を出すだけで疲れてしまうわけで、知らない人ばかりの場で寛ぐのは難しいだろう。

日本人には社交が苦手な人が多いが、それは相手がどう思っているかを気にするからである。欧米人のようにお互いが自分を押し出せばよいというなら簡単かもしれないが、相手の気持ちが気になると、なかなか自由に振る舞えない。そのため多くの人が対人不安気味な心理を抱えている。対人不安というのは、人と一緒にいるときに感じる不安のことである。

たとえば、話すことに関して不安を感じる。よく知らない人や、それほど親しくない人と会う際には、「うまくしゃべれるかな」「何を話せばよいのだろう」「場違いなことを言ってしまわないかな」などといった不安が頭をもたげてくるため、会う前から緊張する。

実際に話している最中も、「つまらないと思ってないかな」「退屈させてないかな」といった不安を抱えながら、相手の反応を気にする。

相手から好意的にみてもらえるかが不安だという心理もある。だれだって相手から否定的にみられたくないし、好意的にみてもらいたい。でも、絶対的な自信がある人などいない。そこで、「好意をもってもらえるかな」「嫌われないかな」「うっとうしがられたら嫌だな」といった不安に駆られ、相手の言葉や態度に非常に敏感になる。

相手からわかってもらえるかが不安だという心理もある。何か言おうとするたびに、「共感してもらえるかな」「変なヤツと思われないかな」「引かれたら傷つくなあ」といった不安を感じるため、気になることもなかなか率直に言いにくい。

こうした不安を感じながらいろんな人とかかわっていくのは、とても疲れるはずだ。自分はだれとでもうまくやっていけるタイプだと思っていたけど、対人不安の話を聞くと、たしかに自分にもそういう面があるし、これまで意識したことはなかったけど、結構無理して気疲れしていることに気づいたという人もいる。みんなと楽しく過ごしているつもりでも、みんなと別れてひとりになると、どっと疲れが出るという人が少なくないが、それはとても気をつかってつきあっている証拠と言える。

そんなに人づきあいに気をつかうわけではないという場合も、無理につながりを増やそうとする必要はない。何でも思ったままを話せる気の置けない友だちとのつきあいはストレス解消になるし、そういうかかわりの場は心地よい居場所になる。だが、おしゃべりするのは楽しくても、ホンネのつきあいとも言えず、差しさわりのない世間話に終始するような表面的なつきあいは、あってもよいけれど無理に増やすこともない。

それにつぎの項でみていくように、ひとりで過ごす時間も結構豊かな時間になり得る。むしろ絶えず群れていないと落ち着かない人の方が、表面的なつながりで気を紛らし、無駄に時間を浪費するばかりで、真に豊かな時間をもてていないといった側面もある。

職場生活はわりと画一的だっただろうが、定年退職後の過ごし方は人それぞれであり、個性的であってよい。いずれにしても焦らずに、それぞれ自分に合った過ごし方を模索することが大切である。

内向してみるのもよい

私たちの人生をたどってみると、内向の時期と外向の時期がつぎつぎに交代して訪れていることがわかる。

乳幼児期は、内向の時期である。まだまだ現実との接触が少ないうえに、認知機能も未発達で、空想の世界に浸るなど非現実的な世界に生きている。

幼稚園に通うようになると現実との触れ合いが多くなるが、小学校では本格的な勉強が始まり、現実社会を見る目が養われ、大人の目の届かないところでの友だちづきあいも進み、現実の厳しさに揉まれて暮らすようになる。言ってみれば児童期は外向の時期である。

青年期のはじめの頃を思春期と呼ぶが、自我の目覚めと言われるように、自己意識が高まる。見る自分と見られる自分に引き裂かれ、絶えず自分を意識するようになる。そして、「なんで自分はみんなと違うんだろう？」「自分らしさって何だろう？」「自分はどう生きるべきなんだろうか？」「どんな生き方をするのが自分にふさわしいんだろうか？」などといった自己のアイデンティティにまつわる問いが頭の中を駆けめぐるようになる。そのような意味において、青年期は内面を耕す時期であり、内向の時期と言える。

学校を卒業し就職すると、仕事に慣れ、会社などの組織に馴染むために一生懸命な毎日が続くようになり、自分のことを振り返る暇がなくなる。その意味で、成人前期は外向の時期と言える。

働き盛りを過ぎる中年期になると、「このまま突っ走ってしまっていいんだろうか？」「今の生き方を続けて後悔しないだろうか？」「これが自分が望んだ人生なのだろうか？」「自分らしい人生になっているだろうか？」「何か過去に置き去りにしてきたことはないだろうか？」「もし生き方を変えるなら今のうちだ」などといったアイデンティティをめぐる問いが再び活性化してくる。自分の心の声が聞こえてきて、現実の歩みが一時的に止まってしまうこともある。その意味で、中年期は内向の時期と言える。

そうした葛藤を経て、転職したり生き方を変えたりするにしろ、そのままの生き方を貫くにしろ、自分なりの検討を行った末の選択に基づいて、また仕事に没頭する日々は定年が見えてくるまで続く。したがって、成人後期は外向の時期と言える。

そして、いよいよ定年退職を迎える頃、自分の生き方をめぐってあれこれ思い悩むようになる。自分らしい生き方、自分なりに納得のいく生き方を模索する。その意味で、老年期の入り口は内向の時期と言ってよいだろう。

職業生活に縛られていた頃は、自分らしい生き方をめぐって思いを深める暇などなく、とにかく職業上の役割に徹するしかなかったわけだから、職業生活から解放されたからには、自分の世界にじっくり浸ってみるのもよいのではないか。

現代はスピードアップの時代であり、フットワークの軽さにばかり価値が置かれがちだが、それはともすると思考の浅さにつながりやすい。反応が良くてフットワークは軽いのだが、どうも薄っぺらくて頼りないといった人物が目立つのも、熟考より反応の速さ、深さより軽さに価値を置く現代の風潮の反映と言える。そこで目を向けたいのが、内向の価値である。

現代は、反応が速く、変化に対する適応のよい外向の価値ばかりが重視されるが、思考の深さ、発想の豊かさということを考えると、内向の価値にもっと目を向けてもよいだろう。

深層心理学者のユングは、人間には自分自身への関心が強いタイプと他人や周囲の出来事への関心が強いタイプがあるとして、内向型と外向型という2つのタイプに分類した。

内向型とは、自分自身への関心が強く、内面とのふれあいが豊かで、自分の心の中で起こっている主観的出来事をうまくとらえることができ、そうした主観的要因を基準に行動するタイプである。

要するに、何をするにも、まず自分がどう感じ、どう考えるかが大切なのであり、他人の意向や世間一般の風潮などには動かされにくい。自分が納得いくように動きたいのである。

外の現実に対して身構えるようなところがあり、世間一般の風潮に対しては批判的な構えを取りがちで、そのため現実社会への適応に苦労する。

一方、外向型とは、周囲の人物や出来事への関心が強く、周囲の期待や自分の置かれた状況、世間の動きをうまくとらえることができ、そうした外的諸条件を基準に行動するタイプである。

要するに、相手がこちらにどうすることを期待しているのか、自分は今どんな状況に置かれどう振る舞うのが適切なのかといった、自分を取り巻く外的な条件に対する関心が強い。

そのため、現実社会への適応は良いのだが、自分自身の内的な世界が閉ざされているため、自分自身の欲求や感情には気づきにくく、周囲に合わせすぎる過剰適応に陥りがちである。

飽くことなくスピードアップを追求する今の時代、周囲にアンテナを張りめぐらし、目まぐるしく変化する世の中の動きを敏感に察知し、素早く対応することが求められる。それは、まさに外向型の得意とするところだ。

じっくり自分自身に問いかける内向型は、どうしても社会の変化の流れに乗り遅れる。そして、外向型のフットワークの軽さを羨《うらや》み呆れると同時に、自分自身の適応の悪さに自己嫌悪することにもなりがちだ。

エジソンも漱石も芥川も――

だが、スピードや効率の良さを追求するあまり、じっくり考えるということを忘れがちな現代においては、内向型の心のあり方に学ぶところは大きいはずだ。

だれもが外の世界にばかり目を向けている時代であるが、もっと自分の内的世界に目を向けてみてもよいだろう。そこで強調したいのが、内向的な姿勢を取ることの価値である。

アインシュタインは、非常に無口な少年で、明るくはしゃぐ友だちの輪から一人離れて、空想に耽って時を過ごすことが多かったという。現実の活動に向けるエネルギーを節約し、内的世界に沈潜し、思索に耽ることによって、偉大な科学的発見にたどり着いたのであった。

エジソンは、小学校時代は授業についていけない劣等生で、教師にバカにされたのをきっかけに不登校になり、自宅で自分が興味ある勉強をして過ごした。それが独創的な発明につながっていった。ものごとをじっくり考えるタイプのエジソンにとって、みんなのペースに合わせて学習するというスタイルが合わなかったのだ。

科学者のアインシュタインや発明家のエジソンに限らず、哲学者ニーチェも、心理学者ユングも、わが国を代表する作家夏目漱石や芥川龍之介、詩人の萩原朔太郎、立原道造も、自分の内的世界を探求することが偉大な業績に結びついたのである。

べつに何か独自な発見をするわけでなくても、自分の内面に目を向けることで、これまで忙しかったときには気づかなかった自己発見ができるかもしれない。

外向的に生きなければならない職業生活からせっかく解放されたのだから、みんなの動向ばかり気にしたり、情報に触れることにばかり熱心にならずに、周囲と遮断された環境に身を置く時間も大切にすべきだろう。そうでないと自分独自の世界ができてこない。自分独自の世界をもたない人間が、「自分らしく」とか「個性的に」などと言っても、そもそも個性的なその人らしさというものがみられない。

創造性あふれる豊かな時間は孤独のときにやってくる

自分らしい豊かな時間をもつには、自分の中の心の声に耳を傾けることが大切なのだが、心の声はひとりのときに聞こえてくるものである。人と一緒にいるときは、そこまで自分の世界に沈潜することはできない。
心理臨床家ムスターカスも、創造的エネルギーと孤独の価値について、つぎのように述べている。

「創造的エネルギーは、ひとたび統制を受けると枯渇してしまうことを、大人たちは経験から知っている。それにもかかわらず、そうせざるを得ない大人とは、悲しいものである。創造的エネルギーは統制を受けると、もやがかかり、黒ずみ、衰え、淀み、ついには尽きて、自発的な方向性を失い、その存在すら感じられなくなる。」（ムスタ－カス著 片岡康・東山紘久訳『愛と孤独』創元社）

ここで言う意識的統制から自由になるにも、現実から距離を置き、一人になって自分の世界に沈潜する必要がある。忙しい、忙しいと言って、現実的感覚から離れる時間をもてないでいる職業生活に馴染んでしまい、現実的な縛りから自由になる時間をもつことの大切さを忘れてしまっている人が多いかもしれない。でも、世の中の喧騒から距離を置く時間をもつことは、創造的で心豊かな生活を送るためには欠かせない。

さらには、何か迷いが生じたときや、方向性を見失ったときなども、自分の心の声に耳を傾ける必要があり、そのためには一人になれる時間と空間をもたなければならない。これについても、ムスターカスは、つぎのように説いている。

「一つのことをあらゆる角度から理解したり、自己と他者についての深い真実を垣間見ることができるようになるためには、ひとりになって、真実の自己を知るための率直な問いかけや、瞑想を行なうことが必要となる。」(同書)

「自分が本当に進むべき道は無理に急いで求めようとしても無駄である。新しい気づきと、将来の活動への指針が得られるような自己との対話は、向こうからおのずとやって来るのである。例えば、静かな自然の中で沈黙にひたり、静寂に身を任せている時、あるいは、音楽に耳を傾けている時、自分自身の気持ちに正直に伸び伸びと文章を書いている時、自由に絵を描いている時、あるいは、自由に身体を動かし、リズムを取ってダンスをする時のように肉体が解放されている時に、それは私たちの許をふと訪れてくる。

これから自分が歩んで行く方向や、これからの活動に対する指針は、自分自身との対話を経て初めて明らかになってゆく。」(同書)

だれかと一緒のときは、目の前の人のことが気になって、自分の世界に没頭できない。SNSでつながっているときも同様である。常に群れていると、ものごとを自分の頭でじっくり考える習慣がなくなっていく。絶えず目の前の刺激に反応するといった行動様式が常習化し、じっくり考えることができなくなる。

物思いに耽るのはひとりのときに限る。周囲と遮断された状況でないと、自分の世界に没頭できない。

つながり依存に陥りがちな現代人は、一人になることの大切さに気づくべきである。自分と向き合う静寂の時間が気づきを与えてくれる。どこかで感じている焦りの正体。毎日繰り返される日常への物足りなさ。どこか無理をしている自分。日頃見過ごしがちなこと。どこかに置き去りにしてきた大切なこと。そうしたことを教えてくれる心の声は、一人になって自分の中に沈潜しないと聞こえてこないものである。

そうしたことを念頭に置いて、自分の内的世界を耕していくのも豊かな時間の過ごし方なのではないか。

社交のむなしさを退職後にまでもち越さない

人づきあいに気をつかう人は、社交的で新たな集団にもすぐに溶け込んでいく人を見て、とても羨ましく思うだろう。あんな感じですぐに初対面の人たちにも馴染めるなら、定年退職しても居場所づくりなど簡単にできるだろうけれど、自分は苦労しそうだなと思うかもしれない。それは、ある一面をとらえてはいるが、どんなに社交的な人でも、心から信頼できるような相手をもっているとは限らない。社交的な人が必ずしも親しい人間関係に恵まれているわけではない。

職業上の役割をまっとうするには幅広い人脈が欠かせないとして、だれにでも合わせるといったスタンスで社交力を発揮してきた人は、つきあいのある相手は非常に多いかもしれないが、ほんとうに親しい間柄の人物はそうたくさんいるものではない。元気な時に一緒に遊び歓談する仲間はいても、何かで行き詰まったり弱気になったりしたときに、気持ちを分かち合える友だちがいなかったりする。

人脈としてつきあってきた場合は、相手もそう思ってつきあってきたわけなので、肩書がなくなればこちらに利用価値がなくなるため、しだいに疎遠になっていくものである。たとえ形のうえでは続いたとしても、心の居場所と言えるようなかかわりにはならないだろう。

仕事上の利害が絡んだ浅い関係を幅広く維持するのに忙しく、利害を超えて個人的に深いかかわりを築くことをしてこなかった人は、社交性が乏しく、人脈はほとんどなかったものの、何でも遠慮なく話せるほんのひとりかふたりの相手と深い関係を築いてきたという人と比べて、むしろ淋しい老後になっていくかもしれない。

そのような意味では、職業的役割から解放されたからには、人脈を重視した現役時代のスタンスは捨てて、人間関係の幅広さにこだわるのではなく、深さを大事にするようにしたい。そうでないとほんとうに心地よい居場所はつくれない。

米国の実存心理学者ロロ・メイは、現代人にみられる特質は空虚さと孤独であり、孤独を恐れるあまり、自分が社交的に受け入れられることを求め、無意味な社交にうつつを抜かしているとしている。

そうしたアメリカの状況に、今の日本のビジネス界の状況は近づいてきた気がする。何かと人脈づくりの大切さを説く声を聞くたびに、その思いを強めざるを得ない。
ロロ・メイは、社交について、つぎのように述べている。

「大切なのは、話されている内容それ自体ではなく、なにかが、たえず話されているということである。沈黙は、大きな罪悪なのである。というのは、沈黙は孤独と恐怖を招くからである。自分の話すことにあまり多くの内容をくみとったり、深い意味を含ませてはならない。すなわち、あなたは、自分の口にすることばについて、理解しようとしないとき、かえって有効な社交の機能を果たす」（ロロ・メイ著　小野泰博訳『失われし自我を求めて』誠信書房）

社交というのがこの程度のものに過ぎないのだと思えば、自治会活動や趣味の会などでの人間関係も気楽にこなすことができるのではないか。それと同時に、学生時代からの友だちでも、会社時代の友だちでもよいが、少数でもほんとうに親しい友だちと過ごす時間を大切にすべきだろう。もちろん、新たに参加した集団の中にとくに気の合う人物がいて、ほんとうに親しい友だちになっていくこともあるかもしれない。

内村鑑三は、仕事から引退すれば、表面的な交際をする必要がなく、誠実な友だちとだけつきあえばよくなるとして、引退を肯定的に受け止めるべきことを説いている。

いずれにしても、無理して浅い社交を広げるような虚しい努力を定年退職後にまでもち越す必要はない。表面的な人づきあいを増やさなくてもいいし、参加している団体数を増やそうとしなくてもいい。そんなことをしても心地よい居場所などできない。自分の時間を無駄に失うだけだ。無理せず自然体で過ごすことが大切である。

第3章　喪失の悲しみをどう乗り越えるか？

さまざまな喪失が押し寄せる時期

人によって具体的なあらわれ方は大きく違ってくるものの、60歳以降はさまざまな喪失に見舞われる時期ということができる。

最も大きなものは、退職による仕事上の役割の喪失だろう。若い頃から何十年も仕事をしてきたのに、その仕事を失うのである。

生活のために働くのが当たり前だったそれまでの人生では、仕事によるストレスは多々あったはずだ。横暴な上司や顧客に怒鳴られたり、自分に非がないのに頭を下げなければならず悔しい思いをしたり、残業続きの過酷な労働に疲弊したり、思うように力を発揮できず落ち込んだり、正当な評価が得られず腹立たしい思いに駆られたりで、「もう嫌だ」と叫びたくなることもあっただろう。

だが、そんな厳しい仕事生活から解放されると、ホッとする気持ちよりも脱力感の方が大きいものである。やるべきことが負担になるストレスから解放される代わりに、やることがないストレスにさらされる。

仕事を失うことは、同時に慣れ親しんだ職場を失うことでもある。起きている時間の大半を過ごしてきた職場を失うことは、非常に大きな喪失感をもたらす。さらには、通う場所がないということも、大きな喪失感につながる。どんなに寝不足でも、疲労困憊《こんぱい》していても、たとえ体調が悪くても、朝早く起きて通勤しなければならない辛さから解放される代わりに、朝起きても通う場所がなくなるのである。眠ければ遅くまで寝ていてかまわない境遇になっても、通う場所がないというのも淋しいものだし、生活の張りが失われてしまう。

通うべき職場がなくなることは、毎日のように顔を合わせていた職場の仲間や、仕事上のやり取りをしていた取引先とか顧客とのかかわりの喪失にもつながる。職場の仲間とのやり取りといっても、ちょっとした言葉を交わす程度で、とくに親しく話す相手がいたわけではないという人でも、ちょっとした言葉を交わす相手もいない、挨拶をする相手もいないとなると、大きな喪失感に衝撃を受けるのではないか。仕事上のやり取りも心地よいものばかりではなく、むしろ厳しいやり取りがストレスになることの方が多かったという人でも、人とのやり取りがまったくないことによるストレスも耐え難く感じるものである。

仕事や職場がなくなるということは、稼ぎがなくなるということでもある。働かなくても年金で暮らせるのだから楽でいいという人もいるかもしれないが、経済力の喪失は、自信喪失にもつながりやすく、経済面の不安も生みやすい。ゆとりある生活をするには年金だけでは足りず、貯金を毎年切り崩していかねばならず、定年退職時にいくら以上の貯金が必要だと言われたり、年金もこの先減っていく可能性が高いと言われたりするため、将来に対する不安を抱く人も少なくない。

また、このような年頃には、疲れやすくなったり、疲労がなかなか回復しないなど、体力の衰えを実感させられるものである。膝や腰の痛みに悩まされたり、血圧やコレステロール値を気にしなければならなかったりと、健康上の問題を意識せざるを得なくなる。それによって体力や健康面に対する自信を失い、不安を強めやすい。

身体機能面の衰えだけでなく、気力の衰え、記憶力の衰え、注意力の衰えなど、心理機能面の衰えを認めざるを得ないことが増えてきて、知的能力や作業スピードに対する自信を失う人も少なくない。人から老害などと言われて反発していた人が自分の心理機能の衰えを実感したときの喪失感は、想像を絶するものがある。

昇進や昇給を目指し、職業上の成功を手に入れてきた人ほど、こうした仕事上の役割を失うことや心身の機能面の衰えを意識させられることによる喪失感は大きいはずである。

また、職場を自分にとって第一の居場所としてきた人ほど、職場を失うことによる喪失感は大きいだろう。

こうしたさまざまな喪失によって、この先自分はどうやって生きていけばよいのかといった不安も脳裏をよぎるようになる。いわば将来展望の喪失である。

これまでの職業生活では、ノルマ達成とか利潤追求のために必死に働かなければならなかったにしろ、がむしゃらに頑張るべき方向性ははっきりしていた。だが、職業生活から離れた途端に頑張るべき方向性がわからなくなる。目標喪失状態と言ってもよいだろう。

しかも、永遠に「今」が続くかのように感じていた若い頃と違って、この先の人生がどのくらい続くかわからないといった将来展望の縮小も意識せざるを得ない。

残された人生の時間が永遠ではないことを意識することで、何かをする気力を失う人もいれば、残り時間が永遠でないからこそ「今」を充実させなければと気力が湧いてくる人もいる。自分の置かれた状況としっかり向き合おうとする人もいれば、現実から目を背けるべく何かに没頭し続ける人もいる。どうするのが自分にとって最適なのか。その答えはそう簡単には見つからない。

そうしたさまざまな喪失にどう対処していくかが、この時期の最も深刻かつ大きな課題となる。

「自分の役割はどこにあるのか」といった思いが頭の中を駆けめぐる

定年退職がもたらす大きな危機のひとつとして、自分がわからなくなるということがある。いわゆるアイデンティティの危機である。

自分は仕事をして稼いで家族の家計を支える存在であると自負してきた人が、そうした役割を失うと、自分の役割が何なのかわからなくなったりする。

所属や肩書を失うこともアイデンティティの危機をもたらす。会社の一員であるという自分の位置づけが大きかった人にとって、それは大きな危機となる。

「○○社のだれだれです」「△△部のだれだれです」というように所属組織や部署が自分の存在証明になっていた人や、「○○部長のだれだれです」「△△グループ主任のだれだれです」というように組織内の肩書が自分の存在証明になっていた人は、自分の存在証明を失うことになる。

会社人間としての自分を生きてきた人、いわば名刺が自分の存在証明になっていた人にとって、その名刺を失うことの痛手は計り知れないものがある。

同じく会社勤めを長年してきた人でも、家庭人としての自分や趣味人としての自分も同時に生きてきたという人は、仕事人としての自分を失っても、まだ他の自分があるので痛手はそれほど大きくないと思われるが、仕事人として以外の自分を生きてこなかったいわゆる会社人間の場合、名刺に印刷された所属や肩書を失うことによる喪失感は途方もなく大きいはずである。

職業上の役割を脱ぎ捨てたときに、自分を証明できるものが見当たらないのである。心の身分証明書をなくしたようなものと言える。

そうなると、自分が何者だかわからないといったアイデンティティの危機に陥る。いわば自分を見失った心理状態である。大きな不安や焦りに苛まれ、気持ちが落ち着かない。そんな心理状態では、いくら自由な時間がふんだんにあるといっても、自由を楽しむ心の余裕はない。

青年期には、自分は何者なのか、何をして生きていったらよいのか、自分がいったいどうしたいのかがわからず、つかみどころのない自分を前に戸惑う、いわゆるアイデンティティ拡散に陥ることが多いものだが、ここに来てほぼ40年あるいは50年ぶりにアイデンテイティ拡散状態に陥る人も少なくない。

役割喪失による気力の低下

職業生活においては、配属された部署に伴う職務上の役割遂行に徹して日々頑張ってきたはずである。

営業であれば、取引先を回って関係づくりに尽力したり、説得力ある説明ができるように資料づくりを工夫したりして、売り上げを伸ばすために尽力してきたはずである。

人事・労務であれば、仕事で行き詰まったり、適性に悩んだり、人間関係に悩んだりする従業員の相談に乗ったり、人事評価や上司への不満をもつ従業員や配置換えを希望する従業員の相談に乗ったり、心身の不調に苦しむ従業員の心のケアをするなど、働きやすい職場づくりに尽力してきたはずである。

マーケティングであれば、市場の動向把握や新商品開発・投入の戦略づくりのための情報収集をしたり、商品販売の調査データを解析したり、消費者の意識調査を行ったりと、市場の動向を踏まえた戦略立案のための調査研究に尽力してきたはずである。

また、どんな部署であろうと、管理職であれば、どうしたらみんなの気持ちをまとめていけるか、みんなの力を結集して成果を出していくにはどうしたらよいかを考えたり、個々のメンバーの働きぶりを観察したり、その心理状態に配慮したりして、メンバーのモチベーションを上げるために尽力してきたことだろう。

このような職務上の工夫に頭を悩ませたり、なかなか思うようにいかずに苦しんだりすることもあっただろうが、その必要が一切なくなるのである。

職務上の役割喪失は、もう自分は必要のない人になってしまったのではないかといった不安を喚起し、気力の低下をもたらしがちである。とくに、仕事で組織に貢献し、稼ぐことで家族に貢献していることを自負してきた人にとっては、もう何にも貢献していないということによる喪失感は、本人が思っているよりも心理的に大きなダメージとなっていることが多い。

こうした職務上の役割喪失を、責任をもって果たすべき役割を失い、必要のない存在になってしまったととらえるか、責任が重くのしかかる状況から解放され、自由な身になったととらえるかで、心理状態は大きく異なってくる。

与えられた役割をこなすといった姿勢で頑張ってきた人も、これを機に自分でやるべきことを決めて積極的に動くことができればよいが、あくまでも受け身の姿勢しか取れない人は、何をしたらよいかわからず、どうにも気力が湧かず、身動きが取れなくなってしまう。

自発性の発揮と新たな役割の創出

定年後に問われるのは、自発性を発揮することができるかどうかである。

会社などで働いていた頃は、職務上の役割、それに伴う報酬としての給料、昼間過ごす職場、昼間の人間関係、ときに勤務後の夜の人間関係などが与えられ、日々の過ごし方を自分で考える必要がない。

さて今日はどこに行こうか、何をしようか、だれと会おうかなどといったことを考えるまでもなく、行く場所も、すべきことも、会う人も、自動的に決まってくる。

そうした点に関しては、まさに思考停止状態で過ごしてこられたわけである。

ところが、定年退職後は、行く場所も、すべきことも、会う人も、すべて自分の自由裁量に任されている。それは、これまでの居場所や役割や人間関係の喪失であるわけだが、一日の過ごし方を与えられていた状態からの解放であり、自分の手に裁量権を取り戻したとみなすこともできる。

喪失にばかりとらわれていると、解放とか自由の獲得といった側面に目を向ける心の余裕を失いがちだ。でも、明らかに裁量権を取り戻し、自分の好きなように生きることができるようになったのである。

失ったものは過度に美化されるものだが、職業生活が良いことずくめだったという人はいないのではないか。思い通りにならないことや我慢しなければならないことが多かったり、きついことや辛いことがあったりして、「もう嫌だ」と思うこともあっただろう。もっと自由に生きたいと思ったこともあるのではないか。でも、生活のことを考えると、会社を飛び出すわけにもいかず、仕方なく我慢して働き続けてきた。そんな人も珍しくないはずだ。

ここにきて、「長い間ご苦労様でした」ということで職業生活から解放されたのである。いわば定年退職というのは強制的脱サラのようなもので、これまで脱サラの勇気がなかった人も大手を振って脱サラできるのである。家族を養うために働くといった役割からも解放されるのである。

縛りがなくなり、営利目的で動く必要がなくなると、生きている世界の見え方も変わってくる。本を読むにも、仕事に役立つ箇所はないかと実利的目的をもって読む場合と、無目的にひたすら楽しみながら読む場合では、目の付けどころも違ってくるし、たとえ同じ本を読んでも、その印象は大いに違ってくるはずである。

これまでは時間がなくてできなかったこともできるようになる。時間はたっぷりあるのだ。ここで問われるのが自発性に加えて勤勉性である。

現役時に仕事に没頭し、懸命に働いた人ほど引退後の生活の充実度や健康度が高いことを示す調査データもあるが、現役時に勤勉性を発揮して仕事と向き合ってきた人は、引退後も趣味や学びに勤勉に取り組むことで充実した日々を過ごすことができるのである。

若い頃にできなかったこと、生活の糧を得るため、家族を養うために安定収入にこだわらざるを得なかったために諦めたことを、思い切ってやれる立場になったのである。それは趣味や学びに限らない。

定年退職後も、以前とは違った形で仕事を続ける人も少なくない。その場合も、年金や貯金である程度生活の保障があったり、子どもも独立し家族を養う役割からも解放されたりするため、安定収入や高収入にこだわる必要がない。

リスクを取ることもできるし、お金のために我慢することなくやりたい仕事をすることもできる。アルバイト扱いでもいいし、ボランティアでもよいから、興味のあることややりがいのあることをしたいという人もいる。

これまでとは違う立場で、趣味や学びにしろ、仕事にしろ、自分の役割をどのように設定し、どのように取り組むか。それによって職業生活の喪失をうまく乗り越えていけるかどうかが決まってくるのである。

人間関係が疎遠になりがちな時期

定年退職後に社会的に孤立しやすくなるというのは、だれもが想像できることだろう。もちろん人間関係力の個人差は大きいので、定年後も豊かな人間関係を保つ人もいるが、職場の人間関係がなくなることで人と話す機会が減る人は非常に多い。前述した「国立社会保障・人口問題研究所」の調査でもそのことは明らかだ。

だれとも話すことがない日々が続くのが耐えられず、起きている間中ずっとテレビをつけている人もいる。人の声が聞こえているだけでも気が紛れるというわけだ。駅構内のべンチやフードコートのベンチに座って気を紛らしているという人もいる。子どもたちが賑やかに遊んでいる公園のベンチに座って気を紛らしているという人もいる。

仕事と関係ない友だちとのつきあいを中心に楽しんでいた人はよいが、とくに同僚や後輩など職場の仲間とのつきあいで飲みに行って楽しくストレスを発散していた人にとっては、定年退職というのは大きな脅威となるに違いない。

振り返ってみれば、退職していった上司や先輩たちに声をかけて飲みに行くことなど滅多になかったし、何か特別な式典やパーティーのときに久しぶりに会うくらいだという人が多いのではないか。そうなると、自分もそんな立場になるのは目に見えている。

ゆえに、定年退職前からプライベートにもつきあえる仲間をつくっておくに越したことはない。そうした仲間であっても、退職すると疎遠になりがちだ。なぜなら、仕事帰りに誘うのは簡単だが、それぞれが家にいるのをわざわざ呼び出すのは、ハードルが非常に高いからだ。

それが予想できるため、人間関係が疎遠になっていく不安が同窓会などに人を駆り立てるのではないか。だが、同窓生だからといって気が合うわけではない。その証拠に、卒業後何十年も会うことがなかったわけである。

こうしてみると、現役時代からプライベートにつきあう仲間をつくっておくことが大切であり、定年退職後につきあう相手がいなくなっていることに気づいた場合は、趣味でも勉強でもボランティアでも、何らかの機会をとらえて居場所づくりを頑張ってみる必要があるかもしれない。ただし、第2章で指摘したように、無理してサークルなどに入ってもそこでの人間関係がストレスになるということもあるので、けっして焦らず無理しないこと、そしてひとりの時間の充実も心がけることが大切と言える。

体力の衰えからの気力低下にどう向き合うか

若かった頃と違って無理が利かなくなったというのは、現役時代でも中年期になる頃からだれもが感じるようになるものである。

疲れやすくなったり、体力の回復に時間がかかったりするため、夜遅くまで残業すると翌日がきつい。夜遅くまで飲み歩いてストレス発散をしても、翌日疲れが溜まっており、かえってストレスになってしまう。そのようなことは現役時代から経験済みだとしても、退職後はさらに体力の衰えがみられるため、よりいっそう疲れやすくなる。

疲れやすいだけでなく、膝や腰などの関節痛に悩まされたり、血管系にガタがきたりして、久しぶりに昔の仲間と集まって飲みながら歓談しても、そんな話ばかりになってしまうことも珍しくない。

かつて居酒屋などで、隣のテーブルの年配者たちが、あっちが痛いこっちが痛いと言ったり、健康のための心得について話したりしているのが聞こえてきて、年を取ると大変だなと同情していたのを思い出し、もう他人事ではないことに気づき愕然としたという人もいる。

昔の同級生や職場の元同僚と会っても、体力の衰えや身体の不具合の話ばかりで、もっと前向きな話ができないものかと思いつつも、自分も似たようなことをしゃべっており、気晴らしにはなるものの元気が出ないという人もいる。

実際、心身相関は思いのほか強いものであり、体力の衰えは気力の衰えにつながりやすい。逆に言えば、気力を充実させるためには、体力の維持に努める必要がある。散歩や軽い運動をするように心がけている人たちも、それを踏まえてのことと言える。定年退職後の人たちが集まると健康談議に花が咲くことが多いのも、体力の維持が気力の充実した生活のためにいかに大事かを知っているからだろう。

だが、心身相関のもつもうひとつの意味は、心の張りが身体の健康につながっている側面もあるということである。やることがなく退屈な時間を持て余し、つまらないなと思い、怠《だる》い気分でいると、身体まで怠くなってくる。

その意味では、あっちが痛いこっちが痛いと後ろ向きの話ばかりするのではなく、思い出話に花を咲かせて懐かしい気分に浸ったり、最近経験した面白いことを話して楽しい気分に浸ったりすることが大切である。

やることがないと、つい自分自身の身体の不調に関心が向いてしまうということもある。そうすると気分も落ちてしまう。気分が落ちると身体も怠くなる。そうした悪循環を断ち切るためにも、何かをすることが大切である。何かに没頭していると、自分自身の身体のことなど忘れてしまうものである。

記憶力の衰えには「思い入れの効用」を

若い頃はもっと記憶力が良かったのに、最近は新しいことをなかなか覚えられないと嘆く声をしばしば耳にする。年とともに記憶力が衰えるというのは、だれもが経験するところではないだろうか。

人によっては、「そんなことはない。気力があれば記憶力は衰えないし、年を取ってからでも向上する」などと言ったりする。実際、高齢になっても卓越した記憶力を誇る人もいる。

だが、そこには個人差が大いに関係している。

若いからといって記憶力が良いわけではない。何でもすぐに忘れてしまう人もいる。

仕事の段取りをちゃんと指示しておいたのに、まったく指示を無視したやり方をしているため注意すると、「そんなこと聞いてません」と真顔で反論する。顧客から注文を受けていたのに、一向に発注伝票をつくる様子がないため、催促すると、「注文なんて受けてませんよ」と平然と否定する。注文を受けたとき本人がメモをするのを見ていたため、「そこにメモしてたでしょ」と言うと、「あ、ほんとだ」と驚いている。そんなふうに記憶がすぐに消えてしまう若手に手を焼く経験をした人もいるはずである。

一方で、元々記憶力の優れている人は、年を取って多少減退したとしても、並みの若者よりはるかに優れた記憶力を保持している。

だが、同じ人物でも、高齢になると徐々に記憶力は衰えていくものである。実際、記憶力の生涯発達に関する心理学的研究では、加齢の影響は個人間より個人内の方が大きいとされている。

心理学的研究によれば、「意味記憶」では加齢の影響はみられないが、「エピソード記憶」では加齢の影響が顕著にみられる。つまり、言葉の意味などの知識は高齢になっても消えないが、あの頃こんなことがあったというような過去の出来事に関する記憶は高齢になると薄れていく。「符号化能力」、つまり記憶に刻む能力が低下することも、心理学的実験によって示されている。新たなことを記憶しにくいというのも、符号化能力の衰えによるものと言える。

ただし、新しいことが頭に入りにくいのは、必ずしも記憶力の衰えによるものではなく、思い入れの欠如によるものといった側面もある。

若い頃の流行歌はよく覚えているし、今でも歌えるのに、最近の流行歌は何度聞いても覚えられないというのは、多くの人が経験していることのはずだ。

これには高齢になって記憶に刻む機能の衰え、いわゆる記銘力の衰えも関係しているかもしれないが、青春時代の流行歌は当時の自分自身の思いと重なるところが多々あり、思い入れをもって聴いていたため、強く記憶に刻まれたのだろう。それに対して、高齢になってからの流行歌はただ何となく聴いているだけだから記憶に刻まれにくいのである。

そうであれば、思い入れをもって事に当たるようにすることで、多少の記憶力の衰えは十分カバーすることができるはずだ。

どんなに記憶力が優れている人でも、上の空で過ごしていてはほとんど何も記憶に刻まれない。反対に、記憶力にはあまり自信がないという人は、すぐに忘れてしまうのを年齢のせいにせずに、何事にも思い入れをもって当たるように心がけることで、記憶力を多少なりとも改善することができるだろう。

学校時代を振り返ってみれば、習ったことはきちんと覚えるし、それ以上に自分で調べたことまで覚えている子もいれば、習ったこともすぐに忘れてしまう子もいただろう。そこにはもちろん記憶力の個人差も絡んでいるかもしれないが、思い入れをもって勉強する子と、とくにやる気のない子の違いといった側面もあるだろう。集中して授業を聴いていれば頭に入るだろうが、ボーッとして上の空で聴いていては何も頭に入らない。

記憶力の減退を感じるようなら、思い入れの効用を思い出して、目の前のことに集中するように意識するとよいだろう。

記憶のリスクマネジメント

人生を長く生きていると、あまりにも多くのことを経験しているため、個々の出来事の印象が薄れるということがある。

たとえば、映画を数本しか見ていない人なら見た映画の内容をよく覚えているだろうけれど、数百本も見ていると、個々の映画の内容を混同してしまいがちとなる。

人生経験でも同じようなことが起こってくる。たとえば、京都に1度しか行ったことがない人なら、そのときにどの寺とどの神社を回ったという記憶が鮮明に保たれても、京都に何度も行っていると、あの寺に行ったのはいつだったか、一緒に回ったのはどんな寺や神社だったかがわからなくなってくる。

ただし、そこにも個人差があり、そうした過去の出来事についてよく覚えている人もいれば、あまり覚えていない人もいる。

昔の同級生たちと集まって、あんなことがあった、こんなこともあったと、具体的なエピソードをめぐって盛り上がっているのに、自分はよく覚えていないため、ただ笑ってごまかすだけで話に加われない。そのようなことがあると、「記憶力が相当悪化しているのだろうか？」と不安になるはずだ。

もちろん記憶力には個人差が大きいが、このようなケースでは、単に記憶力の問題だけでなく、日々の過ごし方が影響していると考えられる。過去のエピソードの記憶が薄れがちな人の場合、過去を振り返って懐かしがりながら個々の出来事を反芻《はんすう》する心の習慣がないことが多い。

学校時代、試験前には覚えておかなければならない事項を何度も反復して記憶に定着させようとしたはずだ。試験勉強の手を抜いて、あまり反復学習をしないとよい点数を取れない。

それと同じで、日頃から過去を懐かしがり、記憶の中から過去のエピソードを引き出して反芻する習慣がある人は、反復効果によって、過去のエピソードをよく覚えているものである。一方、その習慣がないと、過去のエピソードへのアクセスが悪くなり、そのうち思い出せなくなる。

そこからわかるのは、ときどき昔を懐かしむようにすることで過去のエピソードへのアクセスが良くなるということだ。そのような時間をもつことで、過去のエピソードについての記憶が薄れていくのを防ぐことができる。

出かける予定があるのにうっかり忘れる。もっていくべきものをうっかり忘れる。やらなければならないことをうっかり忘れる。そんなことが多くなって困るという人もいるだろう。その場合は、外部記憶装置を活用するようにしたい。自分の頭の中に記憶しておくだけでは心配なときのための補助記憶装置である。

たとえば、カレンダーや手帳に予定を書き込んでおく。それでも、出かける時間にうっかり何かをしていて忘れてしまうこともあるかもしれない。そんなときのために、出かけないといけない時間の少し前に時計や携帯電話のアラームが鳴るようにセットしておく。

出かける際にもっていくものを忘れるのを防ごうという場合も、カレンダーや手帳に書き留めておく。それでも、出かける際にそれらで確認するのを忘れる可能性もあるため、持ち物を付箋にメモして、必ず携行するもの、たとえばキーホルダーや財布にその付箋を貼っておく。

このように、何かに書いておくのが基本だが、いちいちすべてを書き込めないということもあるだろう。その場合は、前日の晩に、翌日すべきことを大きめの付箋に箇条書きで書き込み、カレンダーとか机の上とか、目立つところに貼っておくのがよい。買い物に行くついでに何らかの振り込みをするつもりだったのに忘れて帰ってしまうとか、買い物に行ったのに買うべきものをいくつか忘れて帰ってしまうというようなことも起こりがちである。そういったことを防ぐには、大きめの付箋に書き込んで財布のポケットにすぐ見えるように突っ込んで貼っておく。

そのような記憶のリスクマネジメントを常に心がけるべきだろう。

「自伝的記憶」を豊かにする

うっかり予定や持ち物を忘れるのも困るが、過去のエピソードを忘れてしまうというのは、ちょっと大げさに聞こえるかもしれないが、自分の存在証明を失うことでもある。というのも、私たちの人生は、自分の記憶の中にしか保存されていないからだ。

どんなに親しい学生時代の友だちも、学校で知り合う前の自分のことについては、たまたま話の流れでこちらが明かしたこと以外は何も知らない。家庭生活についても同様である。学校時代によく相談に乗ってくれた先生も、卒業後の自分のことは何も知らない。

私たちは、日々さまざまな出来事を経験し、その都度いろんな思いを経験している。うれしいこともあれば、悔しいこともある。心躍るようなこともあれば、腹立たしいこともある。悲しいこともある。淋しく思うこともある。幸福感に浸ることもある。

そのすべての出来事や思いを人に語るなどというのは、現実的に不可能だろう。むしろ、そのほとんどはだれにも語る機会がない。語りたくないこともあるだろう。そうしてみると、私たちの人生上の出来事のほとんどは、自分自身の記憶の中にしか存在しないのである。このことはとても重要である。

人生史を中心とした記憶についての研究をしているせいか、私は記憶のことでよく相談されたり質問されたりする。若い頃と比べて物忘れが酷くなったとか、ど忘れが目立つようになってきたなどといって、記憶が混濁したり、エピソード記憶が失われたりする記憶の病を怖れる人が多いようだ。

高齢化により認知症が大きな社会問題にもなっているため、自分の記憶力の減退や記憶の混線に不安や怖れを感じる中高年が非常に多いように思われる。

なぜそれほどまでに怖れるのか。それは、自分の記憶が乱れたり失われたりすることは、自分が生きている世界の崩壊、つまりは自己の崩壊を意味するからだ。そこまではっきりと意識することはないにしても、自分の過去についての記憶が薄れていくことに対して、漠然とした不安を感じるのだろう。

私たちは、日々の出来事やそれにまつわる思いを記憶に刻んでいく。そのようにして作られる記憶を「自伝的記憶」という。

自伝というと、歴史上の人物、だれもが知っている著名人が書いたものであって、自分には無縁のものだと思われるかもしれない。だが、私たちは、毎日その日の出来事を自伝に書き込むようにして暮らしているのである。というよりも、その瞬間瞬間に、経験した出来事やそれにまつわる思いを自伝的記憶に刻んでいるのだ。

私たちは、自伝を書くようにして日々の生活を営んでいるのである。自分の人生の軌跡は、すべて自伝的記憶の中にある。人生はすべて自伝的記憶とともに進行しているとも言える。

したがって、自己のアイデンティティは自伝的記憶によって支えられているのである。人と出会って、知り合っていく際に、自分をわかってほしいと思えば、自伝的記憶の中から、自分らしさを最もよくあらわすエピソードを引き出して語る。自分らしさというのも、自伝的記憶の中で、具体的なエピソードの形で保存されているのである。

こうしていると、自伝的記憶が薄れていくことのダメージの大きさがわかるはずである。

それを防ぐには自伝的記憶を引き出し過去を懐かしむ時間をもち、自伝的記憶へのアクセスを良くしておくことが大切となる。

アルバムを引っ張り出し、小学生時代の遠足の写真や運動会の写真、家族旅行の写真などを見ていると、当時の出来事やそのときの自分の思いがいろいろと思い出されてくる。高校時代のアルバムを開くと、当時の友だちとの間の出来事やそのときの自分の思いが懐かしく思い出される。アルバムには、自伝的記憶を喚起する力がある。

子どもの頃に使っていた野球のグローブやサッカーボールを見ると、友だちと野球やサッカーをしていた頃の出来事がつぎつぎに思い出されてくる。若い頃に、ひとり旅をしたときに買ってきた記念の置物や砂浜で瓶に詰めた砂を眺めていると、旅先で出会った仲間たちとの記憶が蘇ってくる。このように思い出の品にも、懐かしい思いと同時に自伝的記憶を喚起する力がある。

若い頃に日記をつけていたという人は少なくないが、大人になって忙しい日々を送るようになるにつれて、いつの間にか日記をつける習慣がなくなっていることが多い。若い頃の日記をパラパラめくっていくと、忘れていた自伝的記憶の素材が蘇ってくる。

自伝的記憶が薄れるのを防ぐためにも、自伝的記憶をよりいっそう豊かにしていくためにも、こうした懐かしさを伴うものに触れながら過去を振り返る時間をもつようにするのがよいだろう。

認知能力の衰えが気になる

中年期以降は、記憶力に限らず認知能力全般の衰えが気になってくるものである。知能は青年期がピークでその後は衰退の一途をたどるなどといった説が巷に広まっていることも、中年期以降の人たちを不安にさせる。

しかし、それは事実ではない。もしほんとうに知的能力のピークが青年期にあり、その後は衰えるばかりであれば、会社でも若い社員ほど優秀であり、徐々に使えない人材になっていくはずである。でも、実際はそんなことはなく、経験を積むにしたがって能力開発が進み、的確な判断ができるようになっていくものである。

心理学の研究においても、かつては知能の発達は青年期をピークとし、それ以降は伸びることはなく、衰退の一途をたどるとみなされていた。ところが、成人期になってからの知的な発達も捨てたものではないことがわかってきたのだ。

そうでなければ、実社会での年輩者たちの活躍を説明することができない。実務家だけでなく、学者や芸術家をみても、能力のピークが青年期にあるとは思えない。年齢と業績の関係を調べた研究によれば、物理学者や数学者などの業績のピークは比較的若く35歳頃であり、それ以降は緩やかに低下していく。人文科学系では、40歳頃にピークがあるものの、その生産性はほぼ70代まで維持できる。音楽家や画家は30代後半から40代にかけて最高の業績をあげることが多いが、ピカソやミケランジェロのように老年期に第2のピークを迎えることもある。作家では作品数のピークは35〜45歳頃だが、ベストセラーを出す年齢は45歳頃が多い。

単純な暗記などの課題では30歳頃に成績が下がり始めるのに対して、文書や人の話など言語情報の理解や語彙の理解のような課題では、少なくとも測定がなされた60歳まで成績が伸び続けていたというデータもある。

実社会で有能に働くには、計算の速さや暗記力よりも、人生経験や仕事経験によって生み出される知恵を働かせることが必要である。そこにある種の知能を想定すれば、それは人生経験の積み重ねによってどこまでも豊かに向上し続けていくと考えられる。

そこで参考になるのが、心理学者キャッテルが提唱した、知能を「流動性知能」と「結晶性知能」に分ける考え方である。

流動性知能というのは、新奇な状況に適応するのに必要となる能力、既存の知識では解決できない課題の解決に必要な能力のことで、単純な記憶力や計算力など作業のスピードや効率性が問われる課題、図形の並び方の規則性を見抜く課題などによって測定される知能のことである。

それに対して、結晶性知能というのは、経験から学習することで身につけられた知識や判断力のことで、言語理解や一般知識、経験的判断に関する課題によって測定される知能のことである。

流動性知能は、青年期にピークがあり、その後しだいに衰退していく。かつてはこれのみを知能とみなし測定していたため、青年期以降は知能は衰退の一途をたどると考えられていたわけである。

一方、結晶性知能は、教育や文化の影響を強く受け、経験を積むことで成熟していくため、成人後も衰えることなく、むしろ年齢とともに上昇していき、老年期になってからも向上し続ける、あるいは容易には衰えない。

青年期以降衰えていく流動性知能と、成人後も経験とともに向上し続ける結晶性知能を合わせた総合的知能はなかなか衰えず、それが衰え始めるのは80歳くらいからであるとする調査データもある。

結晶性知能では若い人たちにも簡単に負けることはない。そう思うだけでも不安は払拭され、勇気が湧いてくるのではないか。

怒りっぽくなったり、涙もろくなったり——

このところ怒りっぽくなったと家族から言われたという人。これまで人に対してあからさまに怒りをあらわすことなどなかったし、ましてや怒鳴ったことなどなかったのに、突然怒鳴ってしまい、そんな自分にビックリしたという人。定年退職するような年頃になると、このように込み上げてくる攻撃的な衝動を適切にコントロールできないことがあるのを自覚する人が多くなる。

攻撃的な衝動だけでなく、ちょっとしたことで落ち込んだり、鬱っぽくなったり、涙もろくなったり、興奮しすぎてしまったりと、気分の変動をコントロールできなくなったりする。感情のコントロールがうまくいかないのだ。

心理学の研究によれば、このような感情コントロール力は、幼児期から児童期にかけて急激に発達する。幼い子は、わがままを言ったり、思い通りにならないと泣き叫んだりすることがあるが、幼稚園や学校に通うようになると、社会性が身につき、自分の感情を適切にコントロールできるようになっていく。

大人になり社会で揉まれることで感情コントロール力にはさらに磨きがかかる。たとえば、取引先から理不尽な叱責を受け、内心腹が立っても、怒鳴ったりしたら取引先を失うだけでなく、職場での信用も失うことになる。価値観の合わない上司と飲みに行って、納得いかない自慢話を聞かされ、その考え方は間違ってると思い、嫌な気持ちになっても、批判的なことを言ったりしたら関係性が悪化し、人事評価に響いたりするかもしれない。あるいは、頑張ったのに成果を出せなかったり、ライバルに差をつけられたり、顧客から嫌な態度を取られたりすることはいくらでもあるので、そのたびに落ち込んでいたら、とても仕事にならない。そこで、職業生活を通して感情コントロール力は鍛えられていくのである。

ところが、退職をして、組織による縛りがなくなることで感情をコントロールする必要も薄れるということがあり、怒りやすくなったり落ち込みやすくなったりする人も出てくる。

ただし、最近では若い世代の方が感情コントロール力が鍛えられていないということもあるので、それほど気にする必要もないだろう。最近の若い世代は、褒めて育てるという時代の空気によって、感情コントロール力を鍛えてもらえず、何かと落ち込みやすい傾向がみられる。

それに比べたら、厳しく育てられた高齢世代は非常にタフに心が鍛えられている。ゆえに、これまでと比べて多少感情コントロール力が低下してきたと感じても、それほど気にするほどのことではないことが多い。

愛着の対象の喪失によるストレス

定年退職後の高齢期は、仕事や通う場所を失ったうえに、さまざまな愛着の対象を死別という形で失う時期でもある。

60～70代にかけて、長生きしてきた親を亡くす人も少なくない。健康面の調子の悪かった親しい友人を亡くしたり、配偶者を亡くしたりする人も出てくる。

愛着の対象を失うことを「対象喪失」と言うが、そのようなときに起こりがちな反応、いわゆる対象喪失反応は、一種のストレス反応である。

ストレス研究の領域では、どんなことがストレスになるのかが盛んに研究されている。医学の祖とも言われるヒポクラテスは、前述のように変化が病気をもたらすとした。これは今の時代にも通用する。ストレス反応をもたらす要因をストレッサーというが、さまざまな変化が現代人にとってのストレッサーとなっている。

どのような出来事がストレッサーになるのかという研究でよく引用されるのが、ホームズとラーエによるライフイベントのストレス値に関する研究の成果である。

彼らは、どのようなライフイベントがストレス反応を生むのかを研究し、それぞれの出来事を克服し、現実生活に再適応するのに、どのくらいの心的エネルギーを必要とするかという観点から、ストレス値の大きさを順位づけしたリストを提示している。

注目すべきは、その中の上位に位置づけられたものの多くが、何らかの喪失体験となっていることである。主なものをあげてみる。

1位：配偶者の死

2位：離婚
3位：配偶者との別居
4位：家族の死
6位：本人のケガや病気
8位：失業
10位：退職・引退
17位：親密な友人の死
18位：転職や配置転換

死別や離別でなくても、6位の「本人のケガや病気」は健康の喪失、8位の「失業」は職業の喪失、10位の「退職・引退」は長年従事してきた職業的役割の喪失、18位の「転職や配置転換」は慣れ親しんだ職場や職務の喪失と言い換えることができるため、上位の多くは喪失体験と言うことができる。

上位3つまでを配偶者の喪失が占めているが、これは欧米社会が親子といえどもはっきりと切り離された個の社会であり、夫婦関係が唯一深く頼り合える絆であるため、その喪失が非常に深刻なものになるのであろう。

日本では、親子の絆が非常に強いため、このように配偶者の喪失が突出して上位を独占するようなことはなく、親の死や子の死も上位に並ぶのではないだろうか。

対象喪失時にどのような反応が生じるかについては、さまざまな研究が進められているが、まずは行動面の特徴についてみていきたい。

グリーフケア、つまり対象喪失による悲嘆のケアを専門とする心理学者ウォーデンは、対象喪失に伴ってよくみられる行動面の特徴として、以下の諸点をあげている（ウォーデン著　山本力監訳『悲嘆カウンセリング――臨床実践ハンドブック』誠信書房）。

睡眠障害
食欲不振
上の空の行動
社会的引きこもり
故人の夢をみること
故人を思い出すものの回避

探し求め、名前を呼ぶこと
ため息をつくこと
休みなく動き続けること
泣くこと
ゆかりの地を訪れ、思い出の品を持ち歩くこと
故人の所有物を宝物にすること

ウォーデンは、対象喪失に伴ってよくみられる感情面の特徴として、以下のようなものをあげている。

悲しみ
怒り
罪悪感と自責の念
不安
孤独感

消耗感
無力感・孤立無援感
ショック・衝撃
思慕
解放感
安堵感
感情の麻痺

また、認知面の特徴としては、つぎのようなものをあげている。

死を信じられない
混乱
故人へのとらわれ
故人がいるという感覚
幻覚

対象喪失時には、身体面にもさまざまな反応が出やすい。ウォーデンは、対象喪失時に生じがちな身体感覚（身体症状）の特徴として、つぎのようなものをあげている。

お腹が空っぽな感じ
胸の締め付け
喉のつかえ
音への過敏さ
離人感
息苦しさ
体力の衰え
エネルギーの欠乏（活力のなさ）
口渇

強いストレッサーにさらされると、胸の苦しさを訴えたり、息苦しさを訴えたり、喉のつかえや渇きを訴えたりするものだが、対象喪失という重大なストレッサーに直面したときは、このような身体症状が出やすくなる。

なお、このような対象喪失状態から立ち直るためにストレス軽減を図るには、つぎのような6項目の対処を心がけたい。

- 親しい人に話をとことん聴いてもらう
- ショックな出来事について記述する
- 思い出にじっくり浸る
- 故人に対する率直な思いを手紙にする
- 故人の伝記的年表を作成する
- 自伝的記憶をたどりながら記憶の中に故人を位置づける

つぎに、対象喪失反応が出ているときに留意したい、簡略化したチェックリストを示すことにしたい。

愛着の対象を失ったときに、嘆き悲しんだり、その人のことばかり考えて涙に暮れたり、痛切に淋しさを感じたりするのは、ごく自然な反応と言える。ここにあげられているような対象喪失反応は、喪失から間もない時期には、ほとんどの人が経験するものと言ってよいだろう。だが、それがいつまでたっても鎮まらない場合、悲嘆からの回復がうまくいっていないことになる。

- 何かと不安になる
- すぐに気が動転する
- わけもなく涙がこぼれることがある
- 気持ちが落ち込んでいる
- 自分を責める気持ちがある
- いつも疲れている
- 寝つきが悪い
- 夜中や早朝に目が覚めてしまう
- 食欲がない
- 何にも興味がなくなった

- 前は楽しめたことも楽しめなくなった
- あまり笑わなくなった
- 感情が乏しくなった
- なかなか気力が湧かない
- 何をするのも億劫だ
- 人と一緒にいても距離を感じる
- 人と話していても気持ちが入らない
- 人と会うのが面倒くさい

いくつもの項目が当てはまる状態がいつまでも続くようだと、ストレスが強すぎて鬱状態に陥っている可能性も疑われるので、ひとりで頑張ろうとせずに、心の病の専門機関に相談するのが望ましい。

対象喪失によって気分が落ち込み、冷静さを失っているときは、自分自身の状態を客観視する余裕がないことが多い。そのため無理をし続けたり、落ち込みをこじらせたりしやすいので、このようなリストを用いて自分の状態をチェックするようにしたい。

だれかの役に立つことが救いになる

定年退職により仕事や職場を失う喪失の時期は、逆に言えば解放の時期でもある。稼ぎのために仕事のきつさも我慢しなければならない生活を脱することができ、自分の思うような生活ができるようになるのである。

定年後に働く人も多くなっているが、その場合も働く理由や働き方の基準が定年前とは違っていることが多い。「人口高齢化を乗り越える社会モデルを考える」をテーマとする平成28年（2016年）版厚生労働白書では、同省が実施した「高齢社会に関する意識調査」から「働く理由」についてのデータを紹介している。

それによれば、40代から70代まで、「経済上の理由」をあげる人の割合がほぼ一貫して低下し、「生きがい、社会参加のため」をあげる人の割合がほぼ一貫して上昇している。

朝日新聞が2022年に実施した意識調査でも、第2の人生における働き方の基準としては、「達成感が得られること」（45％）および「世の中に貢献できること」（43％）を選ぶ人が多く、4割以上の人が達成感や世の中への貢献をあげている。「自分が成長できること」をあげた人も3割となっている（朝日新聞　2022年11月6日朝刊）。

　このようなデータをみても、稼ぐ目的で働いてきた定年前と違って、定年後には「生きがい」とか「貢献」を意識した働き方へのシフトが起こっていることがわかる。

　この「生きがい」と「貢献」は密接に関係している。私たちは、自分がだれかの役に立っていると感じるとき、していることにやりがいを感じる。つまり生きがいを感じる。反対に、自分がだれの役にも立っていない、だれからも必要とされていないと感じるときほど辛いことはない。当然、やりがいも生きがいも感じることはできない。

　ここから言えるのは、私たちにとってだれかの役に立つこと、人から必要とされることが非常に大きな意味をもつということである。

「だれかの役に立っている」「必要とされている」と感じることができれば、たとえ報酬が現役時代と比べてかなり少なくても、場合によってはただ働きのボランティアであっても、現役時代以上にやりがいを感じ、張りのある日々を過ごすことができる。

　役割をもち、張りのある生活は、健康寿命の延伸に効果があると考えられるが、そのことは調査データによっても示されている。

　では、どのようなときに「自分は役に立っている」「自分は必要とされている」と感じることができるのだろうか。心理学では、それは「自己有用感」（自分も人の役に立つことができるという感覚）ということで研究されているが、心理学者の伊藤裕子たちにより、60〜70代の人たち向けの自己有用感を測定する心理尺度が作成されている（伊藤裕子・山崎幸子・相良順子「自己有用感尺度の作成と信頼性・妥当性の検討」文京学院大学人間学部研究紀要Vol.22）。それには、つぎのような項目が含まれている。

「私は周囲から感謝されていると思う」
「自分の存在が周囲から認められていると感じる」
「自分が必要とされていると感じる」
「私は周囲から関心をもたれている」
「私がいることで周囲の人々の心の支えになっている」
「私は社会に役立つ人間だと思う」
「自分には役割がある」

このような自己有用感は、人間ではなくペットでも充足されるようであり、以下のような項目も含まれている。

「自分がいないと周囲の人（ペット）は困ると思う」

「私がいないと周囲の人（ペット）は淋しがると思う」

犬の散歩を習慣としている高齢者をよく見かけると思うが、ペットのためを思って取る行動も、自己有用感を満たすために大切な要素となっているのである。

自己開示できる相手をもつことの大切さ

定年退職後の社会的孤立ばかりが問題にされ、社会活動への参加がしきりに奨励されるが、人とかかわれば、それでいいというわけでもない。第2章で社交の虚しさについて触れたが、どうでもいいような社交話によって気が紛れることはあっても、ほんとうに気になっていることを話せる相手、ときに深い話もできる相手がいないとストレスは溜まるばかりである。

心理学者のジュラードは、「自己開示」は心の健康にとって非常に重要であり、自己開示できる相手が少なくともひとりいることが精神的健康に至るための条件であるという。

自己開示というのは、自分自身の経験や自分が思っていることを率直に伝えることを指す。心を閉ざしている人は、人に対して自己開示などしないだろうから、自己開示は心の開放性の指標とも言えるわけだが、自分は社交的だし、開放的な人間だと思っている人が、必ずしも自己開示をしているわけではない。

心理学の世界では、人に対する開放性をあらわす指標として、従来は社交性（社会的外向性）が用いられていたが、私はそれに自己開示性も加え、2つの次元で対人的開放性をとらえることを提唱してきた。

社交性というのは、人と接するのが好きな心理傾向のことである。心理学者のチークとバスは、社交性を他者と一緒にいることを好む性質としたうえで、社交性を測定する心理尺度を作成しているが、日本語に訳すとつぎのようになる。これらの項目が当てはまるほど社交性が高いことになる。

①人と一緒にいるのが好きだ

②人づきあいの場には喜んで出かけていきたい
③一人で仕事するよりも、人と一緒に仕事する方が好きだ
④人とつきあうのは何にも増して刺激的なことだ
⑤いろいろな人づきあいの場をもつことができないとしたら、それは不幸なことだ

社交性の高い人は、だれとでも適当に楽しく雑談することができ、初対面の相手やよく知らない相手を前にしても緊張せず、慣れ親しんだ相手を前にしたときと同じようにごく自然に振る舞うことができる。

社交性の低い人は、人と話す際に何を話したらよいかの判断が即座にできないため、初対面の相手やよく知らない相手を前にすると緊張し、慣れ親しんだ相手を前にしているときとはまるで別人のようにぎこちなくなる。

チークとバスの尺度項目にはないが、初対面の相手やよく知らない相手にも気後れせずにすぐに馴染めるかどうかも、社交性の指標と言ってよいだろう。

一方、自己開示性というのは、自分の内面を率直に他者に伝える心理傾向を指す。人づきあいの中で、何かにつけて率直に胸の内を明かす人もいれば、あまりホンネの部分は明

かさない人もいるが、前者は自己開示性の高い人、後者は自己開示性の低い人ということになる。

自己開示性も、人に対する開放性をあらわすが、社交性とは別の次元に関するものとみなすことができる。

たとえば、だれとでも気軽に話すことができ、話術に長《た》け、場を和ますのが上手な社交性の高い人の中にも、内面に触れるような話題は巧みに避けるため、内面がなかなか窺い知れない、得体の知れない感じの人もいるだろう。そのような人は、社交性は高いけれども自己開示性は低い人物ということになる。

反対に、よく知らない人たちと話すのは緊張するし気疲れするため、社交の場を極力避けようとする社交性の低い人の中にも、朴訥《ぼくとつ》ではあっても常にホンネを率直に語るため、内面がそのまま伝わってくる感じの人もいる。そのような人は、社交性は低いけれども自己開示性は高い人物ということになる。

こうした観点から、私は、人に対して開放的かどうかをとらえる際に、社交性と自己開示性を交差させてとらえることを提唱しているのである。そうすると、対人的開放性は、社交性と自己開示性の両方とも高いタイプ、どちらか一方のみが高いタイプ、両方とも低いタイプの４つのタイプに類型化することができる。

そして、心の健康にとって重要なのは、自己開示できる相手をもつことなので、いくら社交的であっても、どうでもいいような雑談をする相手しかいないようだと問題である。

心理学者ペネベイカーたちの多くの研究によって、悩み事や心配事など気になることを自己開示している人、とくに嫌な出来事があったときにそれにまつわる思いを自己開示している人は、自己開示していない人と比べて精神的健康度が高いことが示されている。

私の調査研究でも、日ごろ自己開示をよくしている人の方が自己実現傾向が高いことが示されている。

ゆえに、単に社会的に孤立しているか、それとも社会参加しているかが問題なのではない。たとえ社会参加していても自己開示できる相手がいないようでは困る。

笑いネタなど雑談で盛り上がるだけの人間関係では、さまざまな喪失が押し寄せる厳しく不安な時期を乗り越えるのは難しい。その意味でも、昔からの馴染みの友だち関係は大切にしたいし、ひとりでもよいので率直な自己開示ができる相手をもつようにしたい。

喪失の時代を乗り越えていく英知

私たちは、定年退職を逃れたり、愛着の対象である人物の死を防いだりすることはできないが、そうした個々の喪失の受け止め方を調節することはできる。そこで大切なのが、長年の人生経験をもとにした自分なりの人生哲学をもつことである。

ただし、しっかりとした人生哲学を打ち立てるには、広い視野をもち、深い思索にふけり、これまでの経験を整理する必要がある。そのためにはさまざまな先人の知恵や経験が参考になる。そこで威力を発揮するのが読書である。読書によって得ることができるものは、とてつもなく大きい。

読書の効用については第1章で述べたが、本を読むことで、時空を超えてさまざまな人の人生に触れることもできる。もうずっと昔にこの世を去っている偉人の生き方を知ることができるし、なかなか行くことができない遠方の興味ある人物の考え方を知ることもできる。個人的に知り合うのが難しい専門家や魅力的な人物の生き方や考え方に触れることもできる。それにより新たな視点を取り込むことができ、自分自身について、人生について、より深く考察できるようになる。

　読書を通して、自分とはまったく違う境遇を生き抜いた人の人生に触れることができる。「そんな人生もあるんだなあ」「自分には縁のない世界の話だなあ」と思いながら読み進めていくことで、視野が広がり、これまでと違った視点から自分の人生を振り返ることができるようになる。

　生きていれば、どうにも思うようにならない苦しい逆境に追い込まれることもある。そんなときも、逆境を何とか乗り越えた著者や小説の登場人物の事例が参考になる。「こういうふうに受け止められるなんてすごいな」「家族の死をこんなふうに考えればいいのか」と気づきを与えてもらえたり、「これに比べたら自分の方がはるかにマシだな」「自分も頑張らないといけないな」と勇気づけられたりする。

　さまざまな著者や小説の登場人物の生き方に触れることで、自分自身が悩むときや不安なときにも気持ちをうまくコントロールすることができるようになる。評論や随筆で著者の価値観や考え方、感受性に触れたり、小説の登場人物の価値観や考え方、感受性に触れたりすることで、自分になかった視点を取り込むことができ、前向きに生きていくためのヒントが得られる。

行動することに価値が置かれた職業生活と違って、定年後の生活では内面生活の充実をはかることが大切となる。そのためにも読書を通して新たな視点を獲得し、人生に対する洞察を深める必要があるだろう。

第４章

没頭できる「何か」はあった方がいいが、なくてもいい

自由にしていいと言われても、どう過ごしたらよいかわからない

自由がほしいと言っていた人も、退職して自由になると、せっかく手に入れた自由をもてあまし、暇でしようがない、毎日をどう過ごしたらよいかわからないなどと言い出す。強制されると抵抗を示す人も、自由にやるように言われると戸惑う。それはじつによくあることだ。

「言われた通りにやればいいんだ」などと言われるとモチベーションが下がってしまうと嘆く人に、「では、自分の思うように自由にやってくれればいい」と言うと、「いきなり自由にしろと言われても困る。どうすればいいのか教えてほしい」と言い出したりする。

それと同じで、やらなければならないこと、必要なことだけして暮らすなんて虚しいと言う人も、自由にしていいとなると、どうしたらよいのかわからなくなる。

とくに自分自身の欲求や気持ちを疎外して、組織の原理に則って行動するサラリーマン生活を長く続けてきた人は、自分自身の欲求や気持ちがつかめなくなっている。「自分が何をしたいのか、どんなふうに暮らしたいのかがわからない」「どうしたら自分が満足す

る生活になるのかわからない」というようなことになってしまう。

もっとも、職業生活の真っ只中で、そうした自分の欲求や気持ちを始終意識していたら仕事にならない。そういう自意識を遮断しないと有能な働き手でいられない。その意味でも、自分自身の欲求や気持ちを疎外するのは、組織に適応するための有効な戦略だったのである。

組織からあてがわれた役割に徹していれば、無事に職務を果たせるし、それに見合った報酬が与えられる。自分なりの達成感も得られる。

だが、「毎日毎日ノルマ達成に追い立てられる生活なんて虚しい」「これが自分が思い描いていた人生だっただろうか」「もっと自分が納得できる生き方があるのではないか」などと、日々の仕事生活に疑問を抱いたりしたら、職務に邁進することができなくなる。ましてや、「うちの会社の商品は、ほんとうに人々の生活向上のためになっているのだろうか」「こんな営業活動をするよりも、もっと考えないといけないことがあるのではないか」などと考え込んでしまったら、組織にとって都合のいいコマとしての動きが鈍りかねない。

いわば組織への適応のために、ある面において思考停止に陥っていたのである。そんな状態が何十年も続いてきたわけだから、自分の欲求や気持ちがわからなくなっているのもやむを得ないことと言える。

過去に置き忘れてきたことはないか

組織への適応のために、ある面において思考停止に陥りがちということは、組織人間としてうまくやっていた人ほど、その状態に陥っていたことになる。

組織生活への過剰適応によって、自分の欲求や気持ちが強く抑圧され、自分がわからなくなってしまうのである。

これからはもう稼ぎにこだわる必要もないし、組織に縛られることもない。そこで考えたいのは、稼ぐために犠牲にしてきたこと、断念したことは何かなかったかということである。

若い頃、やりたいことがあったけど、それで食っていくのは無理だと思って諦めた。興味があったし、やってみたいと思う趣味があったけど、仕事が忙しくてなかなか踏み出せなかった。

かつては打ち込んでいた趣味があったのだが、働き盛りになってからは仕事で忙しくなり、休日はぐったり疲れてしまい、趣味どころではなかった。

そのときの仕事よりやりがいのある仕事への転職のチャンスがあったのだが、収入が減るため、家族のことを考えて断念した。

だれでもよく思い返してみれば、そのようなことが何か見つかるのではないか。

若い頃から走るのが好きで、定時に帰宅できたときは近くの川辺をよくジョギングしていたが、これからは通勤もないので、体力維持のために毎日ジョギングをして、できればマラソン大会とかにも出てみたいという60代半ばで退職したばかりの人。

器用なほうで何かを自分の手で作るのが好きなのだけど、現役の頃は忙しくて家で何かする余裕がなかったので、退職後は、自分で家の内壁を崩して塗り替えたり、リビングの床を張り直したり、台所を改装したりと、ＤＩＹに凝って充実した時間を過ごしているという60代半ばの人。

仕事人間として暮らしながらも趣味人の生活に憧れをもっていたので、退職を機にテレビの俳句講座を視聴し、拙い俳句を詠むのが楽しくなり、昔の俳人の足取りをたどる旅行をしながら俳句を詠んだりして趣味人の生活を楽しんでいるという60代後半の人。

学生時代は山歩きが好きでよく出かけていたのに、就職してからはそんな暇もなく、たまに暇があっても気力が湧かず、遠ざかっていたけど、退職後に久しぶりに山歩きに出かけてみたら、その魅力に取り憑かれ、今は毎週いろんな山に出かけているという60代後半の人。

元々旅行好きで、現役の頃から毎年何回か旅行し、退職してからは時間も日程も自由になるので、より頻繁に行くようになったが、いつまで元気に出かけられるかわからないので、これからはもっと頻繁に旅行に出かけることに決めたという70歳になったばかりの人。

いろんなことに興味をもち、やってみたいと思う性格だが、現役時代は忙しくて趣味に手を出す余裕がなく、淋しかったので、退職後は尺八教室や絵画教室をはじめ気になる習い事に片っ端から通い、暇をもてあますなどということはまったくなかったという80代の人。

何をして時間を潰したらよいかわからないという人は、こうした事例を参考に、稼ぎのためにできずにいたことを思い返してみてはどうだろうか。

趣味のない人間になったのは、頑張ってきた証拠

そう言われても、昔からやりたいことなんかなかったし、今とくにやりたいことも思いつかないという人もいるだろう。

そこで気持ちが萎縮し、自己嫌悪に陥る人もいる。「なんてつまらない人間なんだ。なんてつまらない人生なんだ」と。自分が無趣味な人間だと気づいて、何だか虚しくなったという人もいる。

人から「趣味は何ですか?」と尋ねられ、言葉に詰まってしまい、これはまずいと思い、趣味を探し始めたという人もいるが、つまらない人間だと思われないように、偽の趣味を想定して答えるようにしているという人もいる。これを趣味偽装というそうだ。あまりに変わった趣味を偽装して、興味をもたれてしまうと、質問されても実際はやっていないので答えに窮してしまうが、ありふれた無難な趣味を想定すれば、それ以上突っ込まれるリスクもない。ほんとうは趣味はあるのだが、あまりに変わっているので人に言いたくないため、趣味偽装をしているという人もいるようだ。

いずれにしても、趣味がないからといって、「つまらない人生だ」などと全否定することはない。趣味がないのは仕事一途に頑張ってきた証拠とも言える。

ここでようやく仕事一途の生活から解放されたのだから、はじめのうちは戸惑いも大きいかもしれないが、焦らずゆっくりと、やりたいこと、お気に入りの過ごし方を模索していけばいい。

なかなか見つからず迷うのは、それだけ一生懸命に働いてきたからなのだということを念頭に置いて、ここでじっくり迷うことができるのは贅沢なご褒美なのだと思えばいい。

仕事以外にどうしてもやりたいことが見つからないという人もいるはずだ。その場合は、やりたいことと仕事がたまたま一致していたわけで、やりたいことをして稼いでこられたのだから、虚しいどころか充実した仕事人生だったと言ってよいだろう。

趣味探しに躍起になる人たち

そのように自分を納得させようと思っても、やっぱり趣味もない人生なんて淋しいという人もいる。

周囲の友だちはどうしているのかと尋ねてみると、多くの人は何らかの趣味に手を染めている。

若い頃に楽器演奏をしていた人は、同好者を見つけてオヤジバンドをしている。

現役時代からゴルフをしていた人は、暇になったんだからとゴルフ三昧の生活を楽しんでいる。

学生時代にテニスをしていたという人は、体力維持も兼ねてテニス教室に通って、定期的にテニスをしている。

現役の頃から美術館めぐりが趣味だったという人は、時間ができたので自分でも描いてみたいと思い、絵画教室に通っている。

そういう人たちと比べて、自分にはとくに趣味がなく、無性に虚しくなってきたという人もいる。だが、そのような人はけっして少数派ではないはずだ。むしろオヤジバンドやゴルフ三昧生活を楽しんだり、テニス教室や絵画教室に通ったりしている人の方が、圧倒的に少ないのではないか。

でも、せっかく仕事生活から解放されたのだから、何か趣味を見つけて楽しみたい、打ち込める趣味があればもっと心豊かな人生になるのではないか、と思うのももっともである。

本来、趣味というのは、無理に探すものではなく、やらずにはいられないもののはずである。無理にやろうとすることなど趣味とは言えない。しかし、仕事一筋の生活の中で、仕事以外のことで自発的に動くことがなくなり、やりたいことが思い浮かばないというのも、よくあることである。

そこで、趣味探しを多少頑張ってみるのも、まあ悪くない。そんな人たちのための趣味の教室や通信講座を探してみても、音楽、園芸、絵画、囲碁、俳句・短歌、歴史、文学など、いくらでもある。

とくに音楽や絵画、園芸には興味がないし、囲碁・将棋を始めようとも思わないという人でも、仕事上の調べ物をするのが好きだったという人なら、歴史とか文学とかの調べ物には結構はまるかもしれない。

自己実現というのは、これまで開発されていない自分の能力も刺激して、全面的に生きることを指す。職業生活で論理能力がとくに磨かれたという人の場合、感覚面や感情面が十分に磨かれていないことがある。その場合は、あえて苦手な絵画や音楽に挑戦することで感覚面を刺激したり、朗読や演劇に挑戦することで感情面を刺激したりするのも、自己実現に近づくことになるかもしれない。

ただし、無理は禁物である。苦手な能力をあえて開発しようとするよりも、得意な能力を活かして新たな領域にチャレンジする方が無難である。

勤勉に動かなくてもよいと気楽に構え、自己を解き放つ

朝起きて、朝食を済ませると、かつての出勤時間。どこかに出かけるか、すぐに何かに取り掛からないと、ダラダラしているようで自己嫌悪に苛《さいな》まれる。勤勉に働いてきた人には、そんな感覚に陥る人も少なくない。

とくに早起きする必要もないのに、長年の習慣で6時には目が覚めてしまう。でも、どこも行くところがなく、することもないので、一日があまりに長く感じられ、苦痛でしょうがないという人もいる。

毎日の予定が埋まらないと落ち着かないという人もいる。

40年も働いていると勤勉さが抜けないのだ。自由気ままな暮らし方に慣れていないまじめ人間ほど、自由な状況に置かれると身動きが取れなくなってしまう。

自発性のある人は、現役時代のようなストレスがなくなり、自由気ままな生活を思う存分楽しむことでイキイキしている。一方で、現役生活の中で自発性が枯渇してしまった人は、与えられた役割がないと動くことができず、自由な状況がかえってストレスになり、

イキイキ働いていた頃を懐かしんだりする。

そのような人は、もうひたすら予定に追われるような生活をしなくてもよいのだから、自分を時間割の枠にはめ込もうとする発想を捨てるべきだろう。

自分を自由な状況に慣らすことも必要だ。たとえば、あえて何もしない時間をもつようにする。そうすると、自分の内側から動きが生じてくる。気になることが出てきたり、やってみたいことが浮かんできたりする。しなければならないことがないときの動き。それこそが自発的な動きである。

何もしていないときこそ、自分との出会いのときであり、新たな自己発見のチャンスでもある。

しなければならないことに追われているときは、いわば流されているようなものである。すべきことを自分で選んでいるわけではない。そこに個性は乏しい。何もすべきことを与えられていない自由な状況こそ、個性があふれ出すきっかけになる。

自分らしく生きたいというのは、多くの現代人が口にする言葉だが、自由な状況でこそ問われるのが自分らしさである。

時間はいくらでもあるのだから、何もせずに自由に漂ってみればいい。そのうち気になることが出てきたら、試しに動いてみればいい。もう勤勉に動く必要はないのだから、気ままに過ごし、自由な状況の中に自分を解き放ってみよう。

昔から散歩しながらあれこれ思索に耽る人がいるが、それも豊かな時間の過ごし方と言えるだろう。テレビを見たり、スマートフォンをいじったり、人と話したりしているときは、目の前の世界に気持ちがつなぎ止められているため、自分の心の中の世界に入り込んでいけない。散歩のように心が自由に漂っているときこそ、自分の世界に浸るチャンスである。

子ども時代や青春時代を取り戻すつもりで漂ってみる

これまでも述べてきた読書に関しても、現役時代は仕事に役立てようとしたことが多かったのではないか。でも、退職後は遊びとして楽しむ、そのためだけに読めばいいのである。

若い頃に書物に親しんでいた人も、現役時代にはなかなかそんな時間はもてなかったのではないだろうか。いつか暇になったらじっくり読もうと思って買っておいた本が家に溜まっているという人もいるだろう。

そのような人も、いざ暇ができてみると、何だか読む気力が湧かない、やっぱりもっと若いときに読んでおくべきだったなどと嘆く。だが、今さらそんなことを言ってもしようがない。

本をじっくり読む気力が湧かないといっても、それは老化によって脳が劣化したというわけではない。慣れの問題が大きい。得意先に営業をして回ったり、事務的な書類を作成したり、会議に出たり、契約相手と交渉したりと、実務的な生活に浸っていると、効率的に動く癖が身に染みついてしまい、本とじっくり向き合い、その世界に入り込んでいく心のモードになりにくいのだ。そこは慣れるしかない。

家に溜まっている本を読むのもいいが、そこに義務感が付随すると、どうしても気力が湧きにくい。そんなときは新鮮な気分で書物に向き合うことを心がけたい。

ただ面白そうだから読む、何となく気になるから読む、いわば遊びとして読むのである。仕事に直接役立つ実務的な本ばかり読んでいた頃と比べて、はるかに贅沢な時間を過ごしていると言ってよいだろう。

勤勉に働き続けてくると、遊ぶ楽しさから遠ざかってしまう。遊ぶ楽しさは、それが効率や実利とは無縁であるところからもたらされる。

子どもの頃に多くの人がはまったプラモデルもパズルも、そのプロセスが楽しくてワクワクするのであって、完成してしまったらもう楽しみもおしまいとなる。本を読んで楽しむのも、読んでいる途中がワクワクして楽しいのであって、読み終わったら楽しみの時間も終わってしまう。だから、終わりに近づくと、「もうすぐ終わってしまう」と淋しい気持ちになり、わざとゆっくり読むという人もいるくらいである。効率性の原理とはまったく無縁の世界なのである。

青春時代に友だちとああだこうだとしゃべって暇を潰すのが楽しかったのも、仕事上の打ち合わせなどと違って、まったく無目的に心が漂っていたからである。

定年後の生活を思う存分楽しむには、子ども時代の心や青春時代の心を取り戻すつもりで無目的に漂ってみるのもよいだろう。そこで大切なのは、無駄を楽しむ気持ちの余裕をもつことだ。

そのためには、現役時代に身に染みついてしまった「ムダ=悪」という発想を捨てることである。功利的な観点からは何の役にも立たずムダであっても、道草気分で積極的に楽しんでしまう心の余裕をもつことである。むしろムダだからこそ楽しいといった境地に達するべきではないか。

目的地に向かって一目散に急ごうとする大人は、道端のものにいちいち興味を示して直線的に進んでくれない子どもにイライラするかもしれない。そこには時間がもったいないといった意識があるはずだが、ほんとうにもったいない時間の使い方をしているのはどっちだろうか。

歩き始めの子どもにとっては、道を歩きながら目に触れるすべてが珍しく、ワクワクするほど刺激的なのである。花が咲いていれば、近づいて触ってみたい。匂いもかいでみたい。アリがエサを運んでいれば、どこに行くのか見届けたい。チョウチョが飛んでいれば追いかけたい。バッタが跳ぶのが見えれば、やはり追いかけてみたい。

このような時間の過ごし方をする子どもと比べて、目的地に到達するための単なる手段としてただひたすら道を歩く大人は、非常に無味乾燥な時間を過ごしていると言わざるを得ない。

もっとムダを楽しむ心の余裕をもつことで、豊かな時を過ごすことができる。

どこかに行く途中で道を間違えて意図しない場所に迷い込んだようなときも、時間の許す限り、急いで軌道修正したりせずに、たまたま訪れた場所を楽しんでみる。好奇心をもって街並みを歩き、気になる店があれば覗き、公園があればベンチに座って周囲を観察し、腹が減っていれば食欲をそそる店に入ってみる。

本や雑誌、新聞などを読むにも、役立ちそうな情報に目を通すといった姿勢を捨てるように心がける。

そんなふうに過ごすことで自由な状況に徐々に馴染んでいくはずだ。

退屈な時間も人間らしさを取り戻すのに大切

退職後はやることがなく暇になるだろうと、暇になることを恐れる定年前の人たちが少なくないようだが、暇の効用に目を向けることが大切だ。忙しい働き盛りの頃は「暇がほしい」と切実に思うこともあったのではないか。

ようやく暇になるのだから、勤勉な自分のイメージは脱ぎ捨てて、後ろめたさなしに堂々と暇を楽しめばよい。

暇すぎると当然ながら退屈になる。退屈するのは苦痛かもしれないが、忙しい日々を長らく経験してきたのだから、一度極度の退屈を経験するのもよいかもしれない。

私たちは、普段から外的刺激に反応するスタイルに馴染みすぎているのではないだろうか。スマートフォンやパソコンを媒介とした刺激を遮断されると、すぐに手持ち無沙汰になる。でも、情報過多によるストレスやSNS疲れを感じている人も多いうえに、何よりも考える時間が奪われている。

スマートフォンがなかった時代には、電車の中では本や新聞を読む一部の人以外は何もすることがなく、どうにも手持ち無沙汰なものだった。考えごとをするか、ひたすらボーッとして過ごすしかなかった。

とくに思索に耽るタイプでなくても、そうしていると気になることがフッと浮かんできて、あれこれ思いめぐらせたものだった。過去の懐かしい出来事や悔やまれる出来事を思い出し、そのときの気持ちを反芻することもあっただろう。今の生活に物足りなさを感じ、いつまでこんな生活が続くのだろうと思ったり、これからはこんなふうにしようと心に誓ったり、この先のことを考えて不安になったりすることもあっただろうし、ワクワクすることもあっただろう。

何もすることがない退屈な時間は、想像力が飛翔したり、思考が熟成したりする貴重な時間でもあったのだ。

退屈について考察している西洋古典学者のトゥーヒーは、つぎのような示唆に富む指摘をしている。

「退屈は、知的な面で陳腐になってしまった視点や概念への不満を育てるものであるから、創造性を促進するものでもある。受容されているものを疑問に付し、変化を求めるよう、思想家や芸術家を駆り立てるのだ。」（トゥーヒー著　篠儀直子訳『退屈——息もつかせぬその歴史』青土社）

近頃は、退屈しないように、あらゆる刺激が充満する環境が与えられているが、それでは人々の心はますます受け身になってしまう。自分の思うように動くため、ときに危なっかしくも見えてしまう幼児期のような自発的な動きを取り戻すために、あえて刺激を断ち、退屈で仕方がないといった状況に身を置いてみるのもよいだろう。

そんな状況にどっぷり浸かることで、自分自身の内側から何かが込み上げてくるようになる。それが、与えられた刺激に反応するといった受け身な生活から、主体的で創造的な生活へと転換するきっかけを与えてくれるはずだ。

やるべきことが詰まっている時間には、想像力が入り込む余地がなく、創造的な生活を生み出すことがしにくい。何もすることがないからこそ、その空白の時間を埋めるべく想像力が働き出し、創造的な生活への歩みが始まるのである。

とりあえず気になることを試してみる

何か気になるものがあっても、「これはほんとうに自分に向いてるだろうか？」「自分にもうまくできるだろうか？」「続くだろうか？」などと考えて、結局、躊躇《ちゅうちょ》してしまうといったことになりがちだ。

だが、職選びではなく趣味や遊びなのだから、そんなに慎重になる必要はないだろう。やってみて自分に向いていないと思えばやめればいい。べつに続かないとダメというわけではない。興味のままに動けばいい。

スポーツ観戦が好きで、よく休日にテレビで見ていたなら、もう翌週のために体力を温存する必要はないのだから、実際に競技場に出かけて生観戦を楽しむのもよいだろう。

演劇が好きで、深夜によくテレビで見ていたなら、やはり実際に劇場に出かけて生で楽しんでみるのもよいだろう。

落語にしても、歌舞伎や能・狂言など伝統芸能にしても、コンサートにしても、よくテレビで見て楽しんでいた人に限らず、ちょっとでも気になるのであれば、どんなものか試してみようという感じで出かけてみればいい。

日本の歴史についてのテレビ番組を見て、特定の戦国武将やどこかの時代に興味が湧いたら、時間はたっぷりあるのだから、図書館に通って調べてみればいい。

美術についてのテレビ番組を楽しみに見ており、何かで絵画の実践講座のパンフレットが気になったら、絵なんて学校の授業でしか描いてないけれど大丈夫かなとか、続くかなとか考えずに、とりあえず興味のままに飛びつけばいい。

数学者広中平祐との対談において、哲学者梅原猛は、好奇心をもつことの大切さを指摘している。

「今の哲学の研究者たちは、カントの哲学、ヘーゲルの哲学についての研究をしているんで、哲学そのものをやっていない。哲学についての哲学が今のアカデミズムの主流です。

私はもうそんな窮屈なこと考えないで、哲学というのは無限な好奇心だと思う。限界を知らざる好奇心。プラトンの言うエロスというのは、面白いことがあるとどこへでもくぐっていくことなんです。これは自然科学でも人文科学でも、歴史でも文学でもいい。そういう具体的なものとの関わりなしに、エロスはあり得ないのでね。エロスは必ずそういうところに溢れてくるんです。」（広中平祐著『私の生き方論』潮文庫）

もう組織とか職務による縛りはないし、暇はいくらでもあるのだから、好奇心に任せて気になることを試してみればいい。

今からでも学ぶ楽しみを存分に味わおう

勉強するということに対してアレルギー反応を示す人が少なくない。それは学校の勉強があまり面白くなかったからかもしれないが、職業生活を通じて仕事に必要なことをたくさん学んできたはずだし、今なら勉強を楽しめるのではないか。

なぜ学校の勉強があまり面白くなかったのか。それは手段としての勉強だったからだ。

良い成績を取るための勉強、受験を突破するための勉強の場合は、結果がすべてであり、点数ばかりを意識して勉強することになる。

そうなると、「ここは重要だから試験に出そうだ」という箇所を中心に学ぶことになり、「ここは面白そうだから詳しく調べてみよう」といった学び方は許されない。そんな学び方をしていたら成果につながらない。だから学校の勉強は面白くなかったのだ。

これに関しては、興味深い実験がある。

心理学者のデシは、面白いパズルをたくさん用意して、パズルの好きな大学生に自由に解かせるという3日間にわたる実験を行った。

その際、A・Bの2グループが設定された。1日目は、両グループともただ好奇心のおもむくままにいろんなパズルを解く。だが、2日目は、Aグループのみ、パズルが1つ解けるたびに金銭報酬が与えられた。Bグループは、前日同様ただ解いて楽しむだけだった。そして3日目は、両グループとも1日目と同じく、ただ好奇心のままに解いて楽しむだけだった。

つまり、Bグループに割り当てられた人は、3日間とも好奇心のおもむくままにパズルを解いて楽しんだわけだが、Aグループに割り当てられた人は、2日目のみパズルが解けるたびにお金をもらえるという経験をしたのである。

3日間とも、合間に休憩時間を取り、その間は何をしていてもよいと告げて、実験者は席を外した。実は、この自由時間に自発的にパズルを解き続けるかどうかを調べることが、この実験の目的なのであった。

その結果、Aグループにおいてのみ、3日目にパズル解きへの意欲の低下がみられた。元々はみんなパズルが好きで、パズルを解くこと自体を目的として楽しんでいた。ところが、パズルを解けたらお金をもらえるという経験をすることによって、パズルを解くのはお金をもらうための手段となってしまったのだ。

こうしてパズルを解くことは、金銭報酬をもらうことによって、内発的に動機づけられた行動から外発的に動機づけられた行動へと変質したと考えられる。その証拠に、お金がもらえないときには自発的にパズルを解くことが少なくなったのである。これは、外的報酬がないためにモチベーションが低下したことを意味する。

かみ砕いて言えば、パズルを解くことそのものが目的だったときはパズルを楽しめたのに、報酬をもらうためにパズルを解くようになると、パズル解きは報酬をもらうという目的のための単なる手段となってしまい、パズル解きそのものを楽しめなくなったのである。

これで学校の勉強をあまり楽しめなかった理由がわかったと思う。点数や成績という報酬を得るための手段として学んでいたから、あまり楽しくなかったのだ。

若い頃はつまらなかった勉強が、定年退職後に改めて取り組んでみると面白くなったという人がいるのは、もう成果にこだわる必要がなく、学ぶこと自体を楽しめるからだ。わからないことがわかるようになる。知らなかったことを知ることができる。それはワクワクすることのはずだ。

学校時代に歴史の勉強が好きでもなかった人が定年退職後に戦国時代の歴史や郷土史の勉強を楽しんでいたり、国語の勉強が苦手だった人が定年退職後に古典文学にはまったりしているのも、成績と関係ない純粋な学びになっているからである。

生産性や効率を重視する世界から解放されたのだから、何かに役立てるための手段としての勉強ではなく、実用的価値のない遊びとしての勉強をしてみれば、ワクワク感を楽しみながら心の世界をどこまでも広げていけるだろう。

ここでわかるのは、暇つぶしとしての勉強が最も純粋な学びであり、最も楽しい学びだということである。暇つぶしとして気になることをいろいろ調べながら学んでいくと、意外に面白いテーマが見つかり、楽しい学びになっていくはずである。

第5章

これからの人生に希望を与えてくれる先人の言葉や生き方

どんな苦境でも生きる勇気を与えてくれるフランクルの言葉

ヴィクトール・フランクルは、独自な心理療法であるロゴセラピーを創始した精神科医だが、人生に迷ったり虚しさを感じたりする人に心の処方箋を与えてくれる。そんなフランクルは、現代人にとって最も深刻な問題は実存的空虚感であるとするが、虚しさから逃げずに克服するように勇気づける思想家でもある。

フランクルの言葉には不思議な力がある。

日々の生活に疲れ、このような毎日にどんな意味があるのだろうと虚しさに襲われるとき、フランクルの言葉はその路頭に迷った心を支えてくれる。虚しいのは意味ある人生を求める気持ちがあるからだ。ごまかさずに虚しさに直面することが大事なのだ。そう教えてくれる。

いくら頑張っても思い通りにならない状況に行き詰まり、自分の限界を感じることがある。なぜこんな目に遭わなきゃいけないんだと思いたくなるような悲惨な状況に追い込まれることもある。そのようなときはどうしても気持ちが後ろ向きになりがちだが、フランクルの言葉はそんな心を勇気づけてくれる。逆境の中でこそ鍛えられる。もがき苦しむことで成長していく。そのことを思い出させてくれる。

折に触れて私はフランクルの言葉を紹介してきたが、さまざまな理由で悩み苦しんでいる人たちから、フランクルによって救われたという報告を受けることが多い。

ガンを宣告され、ひどく動揺している人がいた。

「まさか自分がガンになるとは思ってなかったから、検査結果を聞いたときはショックのあまり頭の中が真っ白になりました。でも、……」

長年勤めた会社でリストラされ、絶望的な気持ちに苛まれている人がいた。

「この先どうやって生きていけばよいのかわからず、お先真っ暗という感じで、途方に暮れていました。でも、……」

かけがえのない家族を亡くして、もう自分の人生に意味なんてないという人がいた。

「大事な家族を失い、生きがいを奪われて、もう生きている意味もない、自分なんかどうなってもいいと投げやりになっていました。でも、……」

勤めていた会社が倒産し、どう生きようかと必死にもがいている人がいた。

「家族を路頭に迷わすわけにはいかないし、そうかといって今さら再就職先なんて簡単に見つからない。悲惨な気持ちになりつつも、負けてはいけない、何とかしないと、でもどうにもならないと焦っていました。そんなとき、……」

「でも」や「そんなとき」の後には、フランクルの言葉に出会って気持ちが落ち着いた、救われた、前向きになれた、生きる勇気が湧いてきたなどといった思いが異口同音に語られる。

フランクルの言葉を心に刻んだからといって、現実の状況がいきなり好転するわけではない。ガンが消えるわけではないし、死んだ家族が生き返るわけもない。リストラされた会社に戻れるわけではないし、倒産した会社が復活するはずもない。それなのに、なぜ前向きになれるのか。生きる勇気が湧いてくるのか。それは、悩み苦しむことに意味が感じられるようになるからだ。

置かれた現実の状況が変わらなくても、こちらの視点が変わることで、見逃していたいろんなことが見えてくる。それによって生きている世界のもつ意味が一変する。

私が若い頃フランクルに強く引きつけられたのも、将来展望のないまま何となく過ぎていく日常に対する倦怠感ゆえだと思う。その後、幾度となくもっと深刻な状況に陥ることがあった。倦怠感といった生ぬるいものでなく、人生の危機といってもよいような逆境に追い込まれることもあった。そうした苦境を常に前向きに乗り越えてこられたのも、フランクルの言葉に馴染んでいたことが大きい。

なぜ、だれもがフランクルの言葉に勇気づけられるのか。それは、今の苦しい状況をもがき苦しみながら生き抜くことに、前向きの意味が感じられるようになるからだ。

人間は悩む存在であるというフランクルの言葉は、悩み多き人生を生き抜く勇気を与えてくれる。悩むのは生きている証しなのだと思えば、悩み多き人生もちっとも苦ではなくなる。

だれでも悩んでいるときは、どうしても視野が狭くなる。どうにも出口の見えない苦しい状況の中で、

「なんでこんなに悩まなきゃいけないんだ」

といった思いに駆られる。そんなとき、フランクルの言葉を読むと、

「だれもが何らかの悩みを抱えているものだ」

「悩まない人生なんてない」

「悩むのが生きてる証しなんだ」

ということに改めて気づかされ、少し気持ちが楽になる。

何かにつけて悩んだり迷ったりしてしまう自分に嫌気がさすことがある。そんなとき軽やかに人生を楽しんでいるような人を見ると、

「あんな風に軽い調子で生きられる人が羨ましい」

「なんで私はもっといい加減に生きられないんだろう」

「損な性格だ」

と嘆きたくなる。でも、フランクルの言葉を読むと、

「そうだ、悩むことで人は成長するんだっけ」

「悩むことなく呑気にしてる人よりも、きっと豊かな人生になるはずだ」

「悩みは成長痛みたいなものなんだ」

と思えてきて、悩みがちな自分を肯定できるようになる。

仕事や人間関係のつまずき、あるいは病気や事故によって、どうにも苦しい状況に追い込まれることがある。そんなときも、フランクルの言葉を読めば、

「苦しめば苦しむほど強くなれるはず」

「ここを何とか踏ん張れれば、どんな逆境にも負けないたくましい人間になれる」

といった思いになり、悩み苦しむことが嫌でなくなる。苦しい中にも充実を感じる筋ト

レの感覚で苦しむことができるようになる。

苦悩は取り除くべきものと勘違いしている人が多い。それに対して、フランクルは苦悩する能力が大切なのだという。自分自身の現実から目を背け、見せかけの安らぎに甘んじている人を脅して、悩むように導くことも、心理療法の重要な目的だとまでいうのだ。大事なのは苦悩を意味で満たすことであるという。そのようなフランクルの主張は、まさに目からうろこだ。

現代人の多くは、適当に気晴らしをして楽しみ、自分をごまかしながら、日々の生活の虚しさから目を背けている。

そんないい加減な生き方と比べて、虚しさに苛まれ、どうしたら日々の生活に意味が感じられるようになるかと思い悩む生き方の方が、苦しくはあっても価値がある。自分の成長につながる。そう思えば、いちいち悩みながらでないと前に進めない不器用な自分も、「まあ、捨てたもんじゃない」と肯定できるようになる。

では、フランクルの言葉をいくつか紹介し、それによって喚起される思いを綴ってみたい。

(1) 生物学的下り坂と、人生の上り坂

「生物学的に下り坂になるとき、いわば人生の方はやっと上り坂になるわけです」

(宮本忠雄訳『時代精神の病理学』みすず書房)

「病気になって、なにかが得られることもあります」

(山田邦男・松田美佳訳『それでも人生にイエスと言う』春秋社)

体力の衰えを感じる。容色の衰えが気になる。これまでのように勢いに任せて働くわけにいかなくなる。いくら楽しいからといっても、夜遅くまで飲んではしゃいでいると、翌日に響く。そんな自覚症状とともに、自分も年をとったものだと、ふと淋しさを感じる。中年期を過ぎる頃から多くの人が感じ始めることのはずだ。

だが、そのように生物学的に下り坂になるとき、人生はようやく上り坂になってくる。ただひたすら急ぐだけの人生に別れを告げ、ゆったりと豊かな人生を歩めるようになる。

振り返ればいろいろあった。楽しいこともうれしいこともたくさんあった。それと同じくらいに、辛いことも苦しいこともたくさんあった。山あり谷ありの人生だった。思い出すと温かい気持ちがこみ上げてくる出来事もあれば、思い出すだけで嫌な気分になる出来事もある。そのどれもが自分らしい人生を形づくっている。そんなふうに思えてくる。

良いことも嫌なことも含めて、あらゆる経験の蓄積が生きてくる。幅広い経験をすることで人生は豊かなものになっていく。経験の蓄積が進む人生の後半こそ、人生の豊かさを楽しめるときなのだ。

また、高齢になるとさまざまな身体の不調が生じ、病気に悩まされがちとなる。とくに自分が深刻な病に侵されているとなれば、だれでも大きなショックを受けるはずだ。治るのだろうか、どんな治療をするのだろうかと、つぎつぎに気になることが浮かんでくる。

これまでのように自由に活動することができなくなる。仕事にしろ、人づきあいにしろ、趣味にしろ、大きな制約を受けざるを得ない。

それはとても苦しいことだが、それによって得られるものもある。時間の充実だ。

いつでもできると思って放置していたことを思い出す。今のうちにやっておかなければと思う。いつかやりたいと思っていたことを思い出す。病気をきっかけに、「よし、やってみよう」と一歩踏み出す。本気で勉強したくなり、通信で本格的に勉強し始める。数十年ぶりに絵を描き始める。今のうちに行っておきたい場所を思い切って訪れる。そうした動きが始まる。

自由にならなくなって、はじめて何に時間を使うべきかがわかる。それによって時間が充実する。

(2)必要なのは安楽ではなく、張り合い

「人間が本当に必要としているものは緊張のない状態ではなく（中略）努力し苦闘することなのです」

（山田邦男訳『意味による癒し』春秋社）

「生計のためではなく（中略）生きがいを持たせてくれるような何の生活内容もないのに自ら気がついて物悲しい気分になるというものです」

（宮本忠雄訳『時代精神の病理学』みすず書房）

過酷な労働に追われ忙しく過ごしていた現役時代には、「楽になりたい」といった思いに駆られることもあったに違いない。だが、私たちは、ほんとうに楽になることを求めているのだろうか。ただ気楽だということで満足できるだろうか。

実際、退職して暇になると、「何だか物足りない」「退屈でしようがない」などと言い出す人が多い。

漠然と物足りない思いを抱えている人は、単調すぎる毎日に飽き飽きしているのだ。毎日が日曜日なんて羨ましいという人は、すべきことを抱えて張りつめた日々を送っている人だ。疲れるけれど充実感を味わっている人だ。現実に毎日が日曜日といった状態にある人は、けっして羨ましい心理状況にはない。すべきことが何もないというのは耐え難いほど苦痛なことに違いない。

あとで振り返ったとき、ある種の充足感を伴って思い出されるのは、苦労しながらも困難を乗り越えた経験だ。苦しかったけれど、精一杯頑張った。苦しみながらも必死にもがいて何とか困難な状況を打開した。そんな経験だ。安楽な日々は、ほとんど印象に残らない。思い出そうとしても、ほとんど何も思い出さない。安楽なだけでは人生は引き締まらない。

収入につながる仕事にあくせくする必要がなくなれば、肩の荷が下りて楽になるわけだが、それでは時間が充実しない。私たちがほんとうに求めているのは、何ら緊張のない安楽な状態ではなく、何かに一生懸命になっている張りつめた状態なのではないか。

過度なストレスは、さまざまな心身の不調をもたらす。しかし、適度なストレスは生きるうえで必要不可欠なものだ。ストレスのまったくない弛緩《しかん》した状態は、退屈すぎてとても耐えられないはずだ。

弛緩した毎日に緊張を生み出すために一番手っ取り早いのは、何らかの使命をもつことだ。人のためになること、世の中のためになること。何か自分が貢献できることがあれば、頑張る気力が湧いてくる。自分の力の限界を試すのもいいだろう。資格試験を目指す。新たな仕事に挑戦する。新たな趣味に挑戦する。何でもよいが、そうした動きを取ることで弛緩した毎日に緊張感が生まれる。

(3) 自己実現を目的にしてはならない

「人間存在の本質は、自己実現ではなく、自己超越性にあります」

（山田邦男訳『意味による癒し』春秋社）

「自己実現を意図的な目標にしてしまうことは破壊的であると同時に自滅的である」

（諸富祥彦監訳『〈生きる意味〉を求めて』春秋社）

「自己自身を忘れ、自己自身を無視する程度に応じてのみ、自己自身を実現することができるのです」

（中村友太郎訳『生きがい喪失の悩み』エンデルレ書店）

自己実現したい。自己実現を目指している。でも、どうしたらそれができるのかわからない。何をしたら自己実現に結びつくのかがわからない。

近頃よく聞くセリフである。

だが、自己実現というのは求めて得られるものではない。自己実現というのは、自己超越の結果として得られるものなのである。

自己実現などということを考えずに、何かに没頭することが自己実現への第一歩となる。何かに没頭し充実した時を過ごすこと。それによって日々の生活が意味で満たされ、自己実現への道が開かれる。

フランクルは、人間存在の本質は、自己実現でなく自己超越性にあるという。自己実現を求めれば求めるほど、自己実現は遠ざかっていく。自己へのとらわれを捨て、自己以外の何かに没頭することが自己実現の条件と言える。

自己超越性とは、自分自身とは別の何か、あるいは自分自身とは違うだれかに向かって存在することを指す。フランクルによれば、このことが根源的な人間のあり方である。自己超越性を生き抜くことによって、私たちはほんとうの意味で人間となり、ほんとうの自分となる。

職業でも、地域の自治会の役でも、子どもの学校の保護者会の役でも、何らかの使命を全うすること。身近な人物のためでも、地域の困っている人のためでも、どこかで悩んでいる人のためでも、だれかのために役立とうとすること。そうした自己超越の姿勢が、ほんとうの人間としての生き方といえる。

大事なのは、自己を実現しようと思うことではなく、むしろ逆に自分自身を意識しないことだ。

我を忘れて自分が担うべき課題に集中すればするほど自己実現に近づける。だれかのために献身的になればなるほど、自分自身を実現することができるのである。

(4) 大切なのは自己の内面の充実である

「私たちが意識しているのは、そもそも、ひとりひとりの内面の進歩しかないということです」
（山田邦男・松田美佳訳『それでも人生にイエスと言う』春秋社）

「内面的に成功するかどうかこそ問題なのです」
（同書）

「最後の最後まで大切だったのは、その人がどんな人間であるか『だけ』だったのです」
（同書）

めまぐるしい科学技術の進歩は止《とど》まるところを知らない。それに比べて、私たちの内面の進歩が疎かになっているということはないだろうか。

だれもが技術の進歩にばかり目を向け、それを享受することにばかり心を奪われている。

便利な商品が売り出されると、いち早く手に入れたいと思う人が多い。ときに科学技術の進歩に適応するのにストレスを感じることもあるものの、私たちは科学技術の進歩による恩恵を大いに享受して生活している。

そろそろ私たちは外の世界の進歩にばかり目を向けていずに、自分自身の内面の進歩に目を向けるべきなのではないか。環境問題をみてもわかるように、これからの世の中のあり方は、ひとりひとりの内面のあり方にかかっている。

メディアが伝える成功者のイメージも人々を惑わせる。新聞やネットの広告を見ても、書店に行っても、成功者の考え方や行動パターンを伝えようというものが目立つ。そこでクローズアップされているのは、事業に成功して大儲けした人物や出世の階段を上り詰めて組織の頂点に立った人物だ。

だが、そうした人物がはたして幸せな人生を送っているかどうかはわからない。事業で大成功しても、組織のトップに立っても、内面的に淋しい人生を生きているというのは、実際よくあることだ。

いくら財産が増えたところで幸せになれるわけではない。権勢を誇った人物が権力の座を追われた後のみすぼらしさは見るに堪えない。輝いていた著名人も、旬をすぎた後の淋しい姿は同情を誘うほどであったりする。

結局のところ、財産とか権力とか名声といったものは、人生においては表面上のちょっとした飾りにすぎない。いつ失われるかわからないし、その人らしさとはまったく関係がない。

そこで問われるのは裸の人間だ。

フランクルは言う。金も権力も名声も、もはや何も確かなものはない。すべてが疑わしいものになった。すべてが裸の実存に還元されたと。

大切なのは人間性だ。どんな人間として生きるかということだ。財産や権力や名声といった流動的なものと違って、人間性は永遠の価値をもつ。何を手に入れるかでなく、どんな人間として生きるかにこだわりたい。

高齢期の心理についてのさまざまな思いを綴ったヘルマン・ヘッセ

『車輪の下』の著者として知られるヘルマン・ヘッセは、青春文学作家と思われがちだが、高齢になってからのエッセイや書簡には、高齢期についての味わい深い記述が多くみられる。
常に自己の内面を見つめ、内なる声に耳を傾けながら、豊かな内面生活を送ったヘッセの言葉は、私たちが自らの高齢期に対する思いを整理するきっかけを与えてくれるので、主なものを抜き出してみたい。

「子供時代には、誕生日から次の誕生日までが何と長かったことだろう！　年をとるにつれて、そのあいだは短くなる一方だ。」
（ヘッセ著　ミヒェルス編　岡田朝雄訳『老年の価値』朝日出版社）

これは83歳というかなりの高齢になってから息子ブルーノに宛てた手紙の中の言葉だが、年をとるにつれて時間の流れが速くなるのは、大人になるとだれもが感じ、何だか淋しい思いに駆られることがあるのではないか。
心理学者ウィリアム・ジェームズも、つぎのように述べている。

「同じ長さの時間であっても、年をとるに従って次第に短く感じられる——日も月も年もそうである。」

（ジェームズ著　今田寛訳『心理学（下）』岩波文庫）

これは経験的に大人になると多くの者が実感することであるが、実験によっても確認されている。さらにジェームズは、さまざまな興味深い経験で満たされた時間は、それが経過しているときには短く感じられるが、後からこれを振り返ると、逆に長く感じられること、その一方で、空虚な時間は、それが経過しているときには長く感じられるが、振り返ると短く感じられることを指摘している。

何かに熱中しているとき、作業に没頭しているときは、時間の経過に注意が向かないため、気がついてみたら、あっという間に時間が過ぎていたという感覚になる。だが、後になって振り返ると、多くの出来事が詰まっていたり、充実した内容であったりするため、その時間は実際より長かったように感じられる。一方、退屈きわまりないときは、時間の経過ばかりに注意が向くため、時間がなかなか過ぎていかないような感覚になる。だが、振り返ったときには、とくに思い出すべき内容が乏しいため、その時間は実際より短かったように感じられる。

時間評価に影響する要因には生理学的要因もあるが、それを別にしても、年をとると目新しい経験や刺激的な経験が少なくなるため、後で思い返すとあっという間に時間が過ぎたように感じられるのだろう。

子どもの頃は、日々目新しい経験をしながら世界を広げていくため、多くの刺激が詰まった時を過ごしている。それに対して、中年期以降は、目新しい経験をする頻度は著しく減少し、ルーティンの繰り返しが中心となり、単調で変化の乏しい時を過ごすことになる。そのため、後になって思い返すとき、若い頃の年月は長く感じられ、年をとってからの年月はとても短く感じられるのだろう。実際、年配者たちは年の瀬になると、合言葉のように「今年もあっという間でしたね」といった言葉を交わすものである。

ここから言えるのは、退屈せずあっという間に時間が過ぎ、また思い返したときに内容が詰まっているように感じられるようにするには、何か没頭するものをもつことが必要だということである。

さらには、年輪を重ねた英知をもって経験の中から何かを汲み取ることも大切である。ヘッセが70代半ばに書いた『エンガディーンの体験』というエッセイ、および『秋の体験』というエッセイの中のつぎのような言葉には、そうした意味も込められているのではないか。

「老人にとっては（中略）「新しい」体験は、稀になるばかりで、新しいと思っても、実は何回も、あるいはしばしば経験したことのくりかえしであり、（中略）たしかに最初のものではないが、（中略）そのたびごとに自己邂逅《かいこう》と自己検討にもなるのである。海をはじめて見たり、フィガロをはじめて聴いたりする人は、それを十回目、あるいは五十回目に体験する人とは違ったもの、そしてたいていはずっと激しいものを体験する。後者はつまり、海や音楽に対して、前者ほど強い感銘を受ける力はないが、前者よりも慣れた、研ぎ澄まされた目や耳をもつ。（中略）初体験の人とは異なった風に、よりきめ細かに受け取るのである。そればかりでなくこの再体験は、彼にとっては以前の体験との出会いでもある。彼は、すでにおなじみの海やフィガロを新たに再体験するだけではなく、自分自身に、若いころの自分に再会するのである。微笑や、嘲笑や、優越感や、感動や、恥辱感や、喜びや、あるいは後悔を伴ってであろうが、それはともかく、体験の枠の中での彼の昔のいろいろな人生段階に再会するのである。」

（ヘッセ著　ミヒェルス編　岡田朝雄訳『老年の価値』朝日出版社。以下同書）

「人間は老年になると、青春時代にはもっていなかった歴史に対する感覚を獲得するものであるが、これは、体験と苦難にみちた何十年ものあいだに、人間の顔と、精神の中に積み重ねられるたくさんの層を知ることからくるのである。要するに老人はすべて、かならずしも自覚していない場合でも、歴史的な考え方をする。老人たちは、若い人びとにふさわしい表層では満足しない。（中略）彼らはその下に、現在に重要な意味を付与しているあの体験の層の累積の結果をも知覚したいと思うのである。」

過去の諸々の経験や今経験している出来事から深い意味を汲み取るには、ものごとを見る目を養う必要があり、そのためには多様な知識や視点を取り込んでおくことが大切となる。そこで読書経験が生きるのである。

ヘッセが60歳の頃、知人宛ての手紙の中で、加齢に伴って強まる知的欲求について、つぎのように述べているのも、自分の人生と向き合う気持ちの余裕が出てくる現役引退後の心の動きを示唆するものと言える。

「私たちが若いときには、時おり、美的なものや快適なものや、視覚と官能の快楽などをいくら味わっても満足できないことがあったように、私たちは年をとるにつれていくら知識を得ても満足できないことがあります。私たちは、この地上での無限のもののうちで知ることができるかぎりのものをできるだけ多く、取り入れなくてはならないと思います。そしてそれはひとつのすばらしい欲求です。」

これは、現役時代は利潤追求などのために外に向いていた目が自分の内面に向かうようになり、心の声に耳を傾けながら内面生活の豊かさを追求するようになるという人格成熟のプロセスに呼応するものと言える。高齢期には、人生をより深く理解したいという思いが強まり、内面を見つめるようになる。

さらには、職業から引退した後の不安や焦りを克服し、内面生活の充実に向かうためにも、年をとっていく自分を否定せず、肯定的に受け止めることが必要である。ヘッセのつぎのような言葉は、そのことを意味するものと言ってよいだろう。

「年をとるということは、たしかに体力が衰えてゆくことであり、生気を失ってゆくことですけれど、それだけではなく生涯のそれぞれの段階がそうであるように、その固有の価値を、その固有の魅力を、その固有の知恵を（中略）もちます。」

「老人として自分の目的を果たし、自分の使命に恥じない行為をするためには、老齢と、それに必然的に伴うすべてのものを受け入れなくてはならない。それを肯定しなくてはならない。この肯定なくしては、自然が私たちに要求するものに従うことなくしては、私たちの年代の価値と意義は――私たちが老いていようと若かろうと――失われるのである。そして私たちは人生を欺《あざむ》くことになる。」

定年退職が目前に迫ってくる頃、あるいはいよいよ引退後の生活が始まるという頃、多くの人は焦燥感に包まれがちだが、それは人生経験を深めていく実り多い生活への移行期でもある。そこで再びヘッセの言葉に耳を傾けてみたい。

78歳になったヘッセは、息子ブルーノ宛ての手紙の中で、50歳を前にした葛藤の時期の後には落ち着いた時期がやってくるとし、成熟することにも肯定的な意味があると述べている。

「四十歳から五十歳までの十年間は、情熱ある人びとにとって、芸術家にとって、常に危機的な十年であり、生活と自分自身とに折り合いをつけることが往々にして困難な不安の時期であり、たびかさなる不満が生じてくる時期なのだ。しかし、それから落着いた時期がやってくる。私はそれを自ら体験したばかりでなく、多くのほかの人たちの場合にも観察してきた。興奮と闘いの時代であった青春時代が美しいと同じように、老いること、成熟することも、その美しさと幸せをもっているのだ。」

83歳のときの知人宛ての手紙においても、50歳から80歳の間には素晴らしいことをたくさん経験すると述べている。

「五十歳と八十歳のあいだに私たちはたくさんのすばらしいことを、それ以前の何十年間に体験したとほとんど同じくらいたくさんのことを体験できます。」

50歳で引退するような時代のことなので、今なら50代から60代くらいの頃は、新たな人生のステージに立たされ、どのように生きていくべきかわからず不安や葛藤の日々が続くが、そのうち自分なりのスタイルができてくると落ち着いてきて、実り多い引退後の生活になってくるという感じだろう。だから焦ることはないというわけだ。

何歳になっても脱皮し続けた葛飾北斎

『富嶽三十六景』や『北斎漫画』で知られる葛飾北斎は、国内で有名なだけでなく、ヨーロッパ印象派の画家たちにも大きな影響を与えるなど、すでに生前から世界的に知られる画家であった。

そのような偉大な画家である北斎は、あるジャンルや画風で成功してもけっしてそこに安住するような守りの姿勢を取らず、そのジャンルや画風を捨て別のものに挑戦するというように、絶えず自分の現状を乗り越えようとし続けたところに最大の特徴があると言ってよいだろう。しかも、その姿勢は80代後半になっても変わらなかったのである。

その人生をたどっていくと、どんなに年を取っても絵を描くことへの情熱はまったく衰えることなく、89歳で死ぬ直前にも描くことへの情熱を見せていたのには驚くばかりである。その人生の流れをざっとたどってみよう。

北斎は、18歳の頃に役者絵で人気の浮世絵師勝川春章に入門し、翌年には早くも役者絵を描いて浮世絵界にデビューを果たし、滑稽や洒落を盛り込んだ黄表紙の挿絵も数多く描くようになった。浮世絵版画もたくさん世に出している。そうした時期が30代前半まで続く。

このように浮世絵版画で活躍していたにもかかわらず、30代半ば頃からは肉筆画を描くようになり、また狂歌や絵本の挿絵を描くようになった。そして、錦絵はほとんど描かなくなる。

40代前半になると、美人画などの錦絵の制作を再開している。

40代半ばから50代はじめの頃は、出版統制により黄表紙等に代わり教訓的な読本《よみほん》が流行ってきたこともあり、読本の挿絵を数多く手がけ、読本作家曲亭馬琴と挿絵画家北斎の二人三脚で、『椿説弓張月《ちんせつゆみはりづき》』など人気作品をつぎつぎに生み出していった。読本とは挿絵の入った小説で、怪談、仇討ち、勧善懲悪、世間の噂話などの内容となっている。また、この時期は再び肉筆画にも精力的に取り組んだ。

50代前半から60代の終わりまでは、絵手本の制作に注力した時期であった。絵手本とは、絵の描き方の教科書のようなものである。門人が多く、全国に散らばっており、直接指導ができないことも多かったためか、北斎は52歳の頃から絵手本を精力的に制作し始めた。それが後に『北斎漫画』として世界的に知られることになったイラスト集である。この「漫画」というのは北斎の命名とされるが、現在のマンガとは異なり、気の向くままに漫然と描いたものを指し、人物、動植物、風景、建物、船など、あらゆるものが描かれており、人物の動きなど非常に生き生きと描かれている。

これが非常に好評でベストセラーとなり、続刊がつぎつぎに刊行されることになった。『北斎漫画』は、絵の手本として用いられるだけでなく、工芸品の図案集としても用いられた。葛飾北斎自身、煙草のキセルや櫛《くし》のデザイン画も手掛けている。エドガー・ドガやパウル・クレーも『北斎漫画』から人体の表現法を学んだとされ、エミール・ガレも『北斎漫画』のデザインを取り入れた硝子工芸作品を発表している。

60歳になる年に北斎は雅号を「為一《いいつ》」に変えているが、これは一になること、つまり初心に帰ることを意味するとみられる。もう隠居してもよい歳を過ぎている60歳で、初心に帰って絵師としてのさらなる成長を目指しているのであり、驚くべき向上心の持ち主と言えるだろう。

70歳になる頃、また錦絵に注力し始め、風景画というジャンルがまだなかった時代に『冨嶽三十六景』や『諸国瀧廻り』などの代表的な一連の風景画を世に出している。『冨嶽三十六景』の中の「神奈川沖浪裏」がとくに有名であるが、これら風景画における波や滝には迫力があり躍動感が溢れる。ある意味で非現実的な描き方に、独特の境地がみられる。これにより浮世絵に風景画という新たなジャンルが確立された。また、花鳥画の錦絵も人気を博し、庶民が花鳥画を楽しむきっかけとなった。

北斎が74歳のときに描いた『冨嶽百景』の「跋文《ばつぶん》（あとがき）」には、70代にして絵を描くことへの情熱がまったく衰えていないだけでなく、常に今の自分の未熟さを痛感し、それを何としても克服し、もっと上手に描けるようになりたいという、飽くなき成長欲求に駆り立てられていたことが窺われる。その一部を示すと、以下のようであった。

「己《おのれ》六歳より物の形状《かたち》を写の癖《へき》ありて、半百の頃より、しばしば数々画図を顕《あらわ》すといへども、七十年画く所は、実に取るに足るものなし。七十三歳にして、稍《やや》禽獣虫魚の骨格、草木の出生を悟り得たり。故に八十歳にしては、益々進み、九十歳にして、猶《なお》其奥意を極め、一百歳にして正に神妙ならんか、百有十歳にしては、一点一格にして生るが如くならん（後略）」

（飯島虚心著・鈴木重三校注『葛飾北斎伝』岩波文庫における校注者鈴木重三が飯島虚心の写し間違いを修正した原文より）

このように北斎は、50歳の頃から多くの絵を手掛けてきたものの、70歳以前に描いたものは、じつに取るに足らないものばかりだったが、73歳になって鳥獣虫魚の骨格や草木の仕組みがわかるようになってきたので、80歳になればますます会得が進み、90歳になればさらにその奥義を究め、100歳になればまさに神技の域に達し、百数十歳にもなれば一点一格がまるで生きているように描くことができるようになるのではないかというようなことを「跋文」に記しているのである。

人生50年と言われる時代に、70歳までに描いたものはどれも取るに足らないものだったとし、73歳にしてようやく何とか描けるようになってきたというのだから、飽くことなき向上心には驚くべきものがある。

なお、この『冨嶽百景』のあと、錦絵はほとんど描いていないようである。その頃から、つまり70代半ばから肉筆画に凝り始めながらも、80歳の手前くらいまでは版本や錦絵も描いていたが、80歳になる頃からは肉筆画に本格的に取り組むようになっていった。売れるものから離れていったとみることもできるだろう。

この時期、絵を描くための援助をしてくれる信州・小布施《おぶせ》の豪商である高井鴻山《たかいこうざん》との出会いがあり、小布施で絵の制作に集中できる部屋を提供され、北斎は江戸と信州を4往復している。80代で江戸と小布施を徒歩で往復するだけでも大変なことだが、そこで数々の肉筆画を生み出し、東町祭屋台天井絵『龍図』『鳳凰図』や上町《かんまち》祭屋台天井絵『男浪図』『女浪図』などを描き、さらに岩松院《がんしょういん》の天井絵として21畳分の大きさの『鳳凰図』（八方睨み鳳凰図）を89歳の時に完成させている。

89歳で病に負け天寿を全うした北斎だが、死に臨んで「天我をして十年の命を長ふせしめば」と言い、大きく息をついてさらに「天我をして五年の命を保たしめば、真正の画工となるを得べし」と言ったという（飯島虚心著・鈴木重三校注『葛飾北斎伝』岩波文庫）。90歳を目前にしても、あと5年の命を与えてもらえたら本物の画工になれるとまで言うのである。絵をもっとうまく描けるようになりたいという執念には驚かざるを得ない。

このように60歳を超えても新たな境地の開拓を絶え間なく行い、生涯にわたって絵師としての成長を目指し続けた北斎の生涯をたどってみると、60代や70代で弱気になっている場合ではないと勇気づけられるのではないか。

生涯にわたって趣味に没頭し続けた牧野富太郎

植物学者牧野富太郎は、この4月からその生涯がNHKの朝ドラ（2023年度前期のNHK連続テレビ小説「らんまん」）のモデルになっているので、知っている人が多いだろう。

牧野は土佐の酒造家の跡取りとして生まれたが、子どもの頃から植物が好きで、青年期になっても植物に夢中で、家業を継ぐつもりなどさらさらなく植物研究に没頭し、ついに植物学の第一人者になった植物学者である。

ただし、自分の興味のないことには熱心になれない性格であり、小学校も中退してしまうほどで、学歴もないまま独学で学問を究めた異色の存在でもある。

とにかく植物に触れていれば満足で、植物のこと以外何も考えられないほどであり、その実力が認められ50歳のとき東京帝国大学の講師となり、77歳で講師を辞任したが、植物学という仕事が趣味でもあったので、所属がなくなっても生活は変わらず、90代になっても植物学への情熱は衰えることを知らなかった。

牧野自身、つぎのように述べている。

「私は大学を辞めても植物の研究を止めるわけではないから、その点は少しも変りはないわけである。

『朝な夕なに草木を友にすれば淋しいひまもない』

というのが私の気持である。」

（牧野富太郎『牧野富太郎自叙伝』講談社学術文庫。以下同書）

「大学を出て何処へ行く？　モウよい年だから隠居する？　トボケタこと言うナイ、われらの研究はマダ終わっていないないいで尚前途遼遠ダ。マダ自分へ課せられた使命ははたされていないから、これから足腰の達者な間はこの闊《ひろ》い天然の研究場で馳駆《ちく》し、出来るだけ学問へ貢献するのダ。（中略）マア死ぬまで活動するのが私の勤めサ。」

「思い出深い大学は辞めたが、自分の思うように使える研究の時間が多くなったことは何より幸いである。」

退職で淋しがったり落ち込んだりすることはまったくなく、むしろ好きなことに没頭する時間が増えたと喜んでいるのであり、まだまだ植物研究から引退する気など毛頭ないのだった。

つぎのような言葉にも、どこまでも自分の心の世界を広げていこうという飽くことのない自己実現欲求を感じざるを得ない。

「何時も書生気分で、まだ足らない足らないとわが知識の未熟で不充分なのを痛切に感じています。」

そして、80代半ばになっても植物研究への情熱も意気込みも変わらなかったのは、つぎのような言葉を見れば明らかだ。

「私は今年八十五歳になるのだが、我が専門の植物研究に毎日毎夜従事していて敢て厭《あ》く事を知らない。」

「故に今日の私はわが一身を植物の研究に投じ至極愉快にその日その日を送っているので、こうする事の出来るわが身を非常な幸福だと満足している次第である。（中略）我が年も八十五になったから、これから先きそう長くも生きられ得べくもなく、もう研究する余年も甚だ少ないので只今この健康に恵まれ眼も手もよい間にうんと精出しておかねばならんと痛感している。」

「私はこの八十六の歳になっても好んで、老、翁、叟、爺などの字を我が姓名に向かって用いる事は嫌いである。（中略）『わが姿たとえ翁と見ゆるとも心はいつも花の真盛り』です。」

このように言う牧野は、自分は老け込んだというような気持ちを抱いてはいけないとし、そうした気持ちになる人が世間に少なくないことを嘆き、いくら年をとっても若者に負けずに仕事に精を出すことが大切だとする。

そして、自分が年をとっても健康でいられるのは、生涯没頭できるものがあるからだという。

「私の一生は殆ど植物に暮れている。すなわち植物があって生命がありまた長寿でもある。（中略）私がもしも植物を好かなかったようなれば、今ごろはもっと体が衰え手足がふるえていて、心ももうろくしているに違いなかろう。」

「こうした事が人生として有意義に暮らさしめる。人生まれて酔生夢死ほどつまらないものはない。大いに力《つと》めよや、吾人！　生きがいあれや吾人！（中略）こんな澄んだ心で一生を終えれば死んでもあえて遺憾はあるまい。そして静かに成仏が出来るに違いなかろう、とあえて私は確信するのである。」

「私が自然に草木が好きなために、私はどれ程利益を享《う》けているか知れません。私は生来ようこそ草木が好きであってくれたとどんなに喜んでいるか分りません。それこそ私は幸いであったと何時も嬉しく思っています。」

92歳のとき風邪をこじらせて寝込みがちとなるが、それでもなお植物図鑑の完成を目指したり、植物観察を続けたりしていた。

牧野は、植物研究だけでなく、一般の人たちに植物と触れ合う喜びを広めることにも熱心で、だれでも自由に参加できる植物同好会をつくり、植物採集会では素人参加者のどんな質問にも丁寧に答えていたという。

そんな植物愛に貫かれた94年の人生だった。好きなことに生涯没頭し続けた牧野は、その植物愛をこんな言葉で表している。

「私は植物の愛人としてこの世に生まれ来たように感じます。あるいは草木の精かも知れんと自分で自分を疑います。」

NHK「らんまん」の脚本を手掛けた長田《おさだ》育恵《いくえ》は、マルチクリエーターいとうせいこうとの対談の中で、生涯植物に一途に生きた牧野に圧倒されたという。

「牧野さんがうらやましいと思ったんです。(中略)あそこまで何かを好きになれて一途に生きられるって、なんてうらやましいんだろうって（中略）今の時代、私たちはたくさんのコンテンツに出会うことができるけど、何か真剣に一つのことをそこまで好きになれるってこと自体が少なくなっているかもしれないし、飽きたら次に行っちゃうし、それだけ好きなものに出会えるっていうことの幸せに圧倒されました。」

（いとうせいこう監修『われらの牧野富太郎！』毎日新聞出版）

娘の牧野鶴代は、そんな父親をつぎのように描写している（牧野富太郎『牧野富太郎自叙伝』講談社学術文庫）。

「もうお客様がいらっしゃると、はじめから終わりまで植物の話一筋です。また実に、父の植物の話はおもしろいのです。」

「父に接した方ならよくわかりますけれども、昔からどんなに機嫌の悪い時でも、先生の機嫌を直すには、まずめずらしい植物を持って行くと、必ずよくなるといって笑ったものですが、どんな時でも植物を目の前に持っていくと、途端に御機嫌がよくなるのだそうです。それはよくうちに来た方々が話しておられました。」

「こうして病床に寝ておりましても、頭に浮かんでくることは、全部植物の事なのでしょうか。（中略）

今でも時々お客様がめずらしい植物を持っていらっしゃると、たちまち目がらんらんと輝くのです。いつもお医者が申されるのですけれど、『先生が植物を眺める時は目の色が変って、それは実にきれいでらんらんとして病人のような目の色ではない』と申されます。」

第2の人生で、ほんとうにやりたいことに乗り出した伊能忠敬

日本地図の作成に執念を燃やし、ついに完成させた伊能忠敬。生涯をかけて全国を測量して回ったと思っているかもしれないが、じつは今で言えば定年退職後の第2の人生で初めて着手したのであった。

伊能忠敬は、17歳のとき今の千葉県佐原の酒造家である伊能家に婿入りする。そこで商

才を発揮して伊能家の繁栄のために尽力し、事業に大成功した。

人生50年とされる時代であったためか、忠敬は49歳のときに家業を息子に任せることにして隠居した。ふつうならそこでのんびりと悠々自適の生活に入るのだろうが、家業から解放された忠敬は、隠居後は好きな道に進むことに決めた。そして、天文学・暦学を学びに江戸に出て、幕府天文方を務める高橋至時《よしとき》に入門する。

忠敬は、至時の下で学び、職場である天文台と自宅の距離を歩測によって熱心に測量したりした。忠敬が大資産家であり調査資金をつぎ込むことができることを見越してのことだったのだろうが、至時はその熱意と才能を見込んで、蝦夷地《えぞち》を測量してみることを勧めた。このことが後の日本地図の作成の発端となった。

そして、55歳のときに第1次測量が始まった。

忠敬は、蝦夷地の根室付近と江戸の往復3200キロの道を歩測により測量した。江戸から白河、仙台、盛岡、青森と北上し、津軽半島から船で津軽海峡を渡り、渡島《おしま》半島に上陸し、松前、函館、室蘭、苫小牧、襟裳岬、釧路と北海道の南岸を東進し、根室半島の別海《べつかい》まで行き、そこで折り返して江戸に戻った。

当然のことながら歩いて往復したのだから、6か月もかかったのだった。それには相当な費用がかかり、幕府から与えられた費用はあまりに少なく、ほとんどが持ち出しだったが、49歳までしっかり働いて蓄財できたので、それを好きなことのために使うことにしたわけである。

伊能研究の第一人者である渡辺一郎によれば、第1次測量を元に忠敬が作成した地図を見ると、蝦夷地南岸の形は現在の地図とほぼ同じようであったという。歩いて歩幅と歩数で距離を測り、羅針盤で方角を測った。そこまで測量できるのだから驚きである（渡辺一郎『伊能忠敬の日本地図』河出文庫）。

この成果が評価され、幕府も積極的に後押しするようになり、第2次測量として、忠敬は本州東岸の測量をすることになった。三浦半島や伊豆半島を回ってから、房総半島を回り、三陸を経て下北半島を回り、奥州街道を測量しながら江戸に戻った。今回は8か月かかった。

第2次測量では、歩測のかわりに縄を張って距離を測定したというのだから、並大抵の苦労ではなかっただろう。

この成果である地図も高く評価され、幕府による待遇はますます向上し、第3次測量では奥州の日本海側と越後の沿岸を測量し、第4次測量では東海や北陸の海岸線を測量した。

そして第5次測量からは西日本の測量に入った。

第5次測量では畿内沿岸と中国地方沿岸を測量し、第6次測量では四国沿岸と大和路を測量し、第7次測量では九州沿岸を測量し、第8次測量では前回測量できなかった屋久島、種子島、壱岐《いき》、対馬《つしま》、五島列島などの島々を測量した。

第9次測量では、さらに伊豆七島の測量となったが、遠距離の渡航となるため、70歳と高齢の忠敬は参加しなかった。最後となる第10次測量では、江戸の測量をしたが、渡辺によれば、忠敬はときどき参加しただけなのではないかと考えられる。

このような15年以上におよぶ大がかりな全国の測量によってデータは揃い、忠敬は日本全図の作成に取り掛かったが、完成を前に73歳の生涯を終えた。伊能図と呼ばれる大日本沿海輿地《よち》全図が完成したのは、その3年後の1821年であった。

完成前に人生を終えたとはいえ、引退後にやりたいことをするために勉強を始め、その熱意と努力が実って測量できることになり、死の直前まで15年以上も測量に携わることができたのである。

引退までは家業に専念して義務を果たし、引退後にようやくやりたいことができる立場になり、やりたいことをやり尽くした老後を生き抜いたと言ってよいのではないか。

そして、伊能図を海外で発見するなど伊能忠敬研究の第一人者である渡辺一郎自身も、40代後半で伊能忠敬に関心をもち、55歳定年を射程に置いて、第2の人生の目標として伊能図研究を掲げ、伊能図を探し始めたのだという。

このように、第2の人生でほんとうにやりたいことに乗り出した人の生き方に触れると、引退後の生活にも希望が見えてくるのではないだろうか。

あとがき

　自分が高齢者だという自覚がなかなかもてないという人が多い時代である。私自身、高齢者と言われるようになるのはまだまだ先だと思っていたのに、いつの間にか60代に突入していた。そして、あっという間に60代後半になってしまった。年々時の流れが速くなっていくように感じる。友だちと会うと、自分がもうすぐ70歳になるなんて信じられないとだれもが言う。

　60代を目前にしている人、もうすでに60代を何年も過ごしているという人、あるいは70代を目前にしている人、もうすでに70代を何年も過ごしている人、みんな似たようなことを感じているのではないか。

　信じられないという思いとともに不安もあるだろう。若い頃や働き盛りの頃と違って、自分の持ち時間が永遠でないことをどうしても意識せざるを得ない。しかも残り時間がどのくらいあるのかもわからない。そこで焦りを感じたり、どうせなら自分なりに納得のいく人生にしていきたいという思いを強めたりするのではないか。

そのような60代から70代は、喪失の時期でもある。健康・体力面の自信の喪失ということもあるが、何といっても大きいのは、退職あるいは現役引退に象徴される社会的役割の喪失である。そうした喪失とどう向き合うかが問われる年代なのである。

まだ若いつもりで日常を過ごしているうちに、いつしか高齢者に分類される年齢になっている自分がいる。でも、かつてのご隠居のような老いぼれた自己イメージはない。しかし、実際に仕事も引退し、通う職場もない。あるいは雇用延長が続いていても、現役時代と立場が異なり、やがて訪れる引退の時期を待つ身となっている。

そうした立場を悲観する人は、不安や焦りの中で気力を失い、うつうつと後ろ向きの老後に向かっていくことになる。だが、稼ぎ手としての役割の喪失を社会的縛りからの解放とみなし、肯定的にとらえる人は、これでようやく自分の思うように生きられるとして、前向きに自分らしい人生を創造していくことができる。

同じような境遇にあっても、その受け止め方しだいで、前向きの人生にもなれば、後ろ向きの人生にもなる。自分自身の60代あるいは70代の人生をどうイメージするかで、これからイキイキと自分らしく生きていけるかどうかが決まってくるのだ。

では、具体的に自分にとっての高齢期をどのように受け止めたらよいのか。どうしたらイキイキできるのか。本書では、それをつかむためのヒントを心理学的観点からちりばめたつもりである。

そして最後の章では、60代から70代を前向きに生きるための助けとなる言葉やモデルとなる人物の事例を示している。こうした言葉や事例も、高齢期をできるだけイキイキ過ごしたいという人に、大きな勇気を与えてくれるはずである。

かつて60代の定年退職後の人たちと話した際に、定年後は好きなことをして過ごしたいと思っていたのに、いざ退職してみると、自分が何をしたいのかがよくわからなくなってしまったという人が多く、そういうものなのかなあと思っていた。

当時40代だった私も、今や60代を生きているわけだが、このまま流されていて後悔しないだろうか、何かやり残していることはないだろうか、自分なりに納得のいく人生を送れているだろうか、生活を変えるなら今のうちだ、などといった心の声が聞こえてくる。好きなように生きるといっても、なかなかつかみどころがないものなのである。

自分のやりたいことに終生没頭し続けた葛飾北斎や牧野富太郎、引退後にほんとうにやりたいことに乗り出した伊能忠敬などは、やりたいことがはっきりしており、非常に羨ましい事例と言える。実際は、これから思い切り好きなように暮らしていいのだ、ほんとうに自分らしい人生に乗り出していいのだと言われても、なかなか身動き取れない人が多いのではないか。でも、ここで投げ出し、惰性に流されるのも、何だか淋しい。

本書を参考に、高齢期を生きる自分自身と向き合い、ぜひ前向きに生きるためのヒントをつかんでいただきたい。60代から70代を生きる読者の方々が今後の人生をイキイキと歩むために、本書が役立つことを願っている。

最後に、60代から70代の人たちを勇気づける本の刊行を企画し、編集の労をとっていただいた、朝日新書編集部の福場昭弘さんに心からお礼を申し上げたい。

2023年5月

榎本博明

榎本博明　えのもと・ひろあき
1955年東京都生まれ。心理学博士。東京大学教育心理学科卒業。東芝市場調査課勤務の後、東京都立大学大学院心理学専攻博士課程中退。カリフォルニア大学客員研究員、大阪大学大学院助教授等を経て、MP人間科学研究所代表。『「上から目線」の構造』『〈自分らしさ〉って何だろう？』『50歳からのむなしさの心理学』『自己肯定感という呪縛』など著書多数。

朝日新書
913

60歳《さい》から めきめき元気《げんき》になる人《ひと》

「退職不安」を吹き飛ばす秘訣

2023年7月30日第1刷発行

著者　榎本博明

発行者　宇都宮健太朗
カバーデザイン　アンスガー・フォルマー　田嶋佳子
印刷所　凸版印刷株式会社
発行所　朝日新聞出版
〒104-8011　東京都中央区築地5-3-2
電話　03-5541-8832（編集）
　　　03-5540-7793（販売）

Published in Japan by Asahi Shimbun Publications Inc.
ISBN 978-4-02-295225-7
定価はカバーに表示してあります。

朝日新書

自分が高齢になるということ【完全版】

和田秀樹

「ボケは幸せのお迎えである」――高齢者の常識を次々と覆してきた老年医学の名医が放つ新提唱！　セカンドステージが幸福に包まれる、とっておきの秘訣とは⁉　老いに不安を抱くすべての人のバイブル！　10万部ベストセラーの名著が書き下ろしを加え待望復刊‼

早慶MARCH大激変
「大学序列」の最前線

小林哲夫

早慶MARCH（早稲田・慶應・明治・青学・立教・中央・法政）の「ブランド力」は親世代とは一変した！　難易度・就職力・研究力といった基本情報からコロナ禍以降の学生サポートも取り上げ、各校の最前線を紹介。親子で楽しめる一冊。

徳川家康の最新研究
伝説化された「天下人」の虚像をはぎ取る

黒田基樹

実は今川家の人質ではなく厚遇されていた！　嫡男と正妻を自死に追い込んだ信康事件の真相とは？　最新史料を駆使して「天下人」の真実に迫る。通説を覆す新解釈が目白押しの刺激的な一冊。〝家康論〟の真打ち登場！　大河ドラマ「どうする家康」をより深く楽しむために。

朝日新書

歴史の定説を破る
あの戦争は「勝ち」だった

保阪正康

日清・日露戦争で日本は負け、アジア太平洋戦争では勝った！　常識や定説をひっくり返し、山縣有朋からプーチンまでの近現代史の本質に迫る。いま最も注目されている歴史研究の第一人者が定説の裏側を見破り、真実を明らかにする。「新しい戦前」のなか、逆転の発想による画期的な戦争論。待望の一冊。

牧野富太郎の植物愛

大場秀章

幕末に生まれて94年。無類の植物学者、牧野富太郎が生涯を懸けて進めた研究は、分類学と呼ばれる多様性を可視化させる探求だ。多種多様な植物が地球上に生息することを知らしめ、物言わぬ命の豊饒さを書物に残したその存在を、植物分類学の第一人者が悠々たる筆致で照らす書き下ろし。2023年度前期NHK連続テレビ小説『らんまん』モデルを知るための絶好の書！

ポテトチップスと日本人
人生に寄り添う国民食の誕生

稲田豊史

日本人はなぜ、こんなにもポテチが好きなのか？〈アメリカ〉の影、〈経済大国〉の狂騒、〈格差社会〉の波……。ポテトチップスを軸に語る戦後食文化史×日本人論。『映画を早送りで観る人たち　ファスト映画・ネタバレ——コンテンツ消費の現在形』で注目の著者、待望の新刊！

朝日新書

歴史のダイヤグラム〈2号車〉
鉄路に刻まれた、この国のドラマ

原　武史

天皇と東條英機が御召列車で「戦勝祈願」の旅。戦犯指名から鉄道で逃げ回る辻政信。太宰治『人間失格』は「鉄道知らず」。落合博満と内田百閒、発車直前の歩調。あの時あの人が乗り合わせた鉄道だけが知っている大事件、小さな出来事――。朝日新聞土曜「be」好評連載の新書化、待望の第2弾。

親の終活 夫婦の老活
インフレに負けない「安心家計術」

井戸美枝

親の介護、見送り、相続や夫婦の年金、住まい、子どもの将来まで、頭が痛い問題が山積みになる定年前後。制度改正の複雑さや物価高も悩みのタネ。人生100年時代、まだ元気なうちに備えておきたいポイントをわかりやすく解説し、老後のお金の不安を氷解させる。

「単純化」という病
安倍政治が日本に残したもの

郷原信郎

政治の〝1強体制〟は、日本社会にどのような変化をもたらしたのか。森友・加計・桜を見る会……。「法令に違反していない」「解釈を変更した」と開き直り、逃げ切る「スタイル」の確立は、「多数決」ですべての物事を押し通せることを示し、分断を生んだ。問題の本質を見失ったままの状態が続く日本の病に、〝物言う弁護士〟が切り込む。

60歳から めきめき元気になる人
「退職不安」を吹き飛ばす秘訣

榎本博明

退職すれば自分の「役割」や「居場所」がなくなると迷い悩むのは間違い！　やっと自由の身になり、これから輝くのだ。残り時間が気になり始める50代、離職して途方に暮れている60代、70代。そんな方々のために、心理学博士がイキイキ人生へのヒントを示す。

アベノミクスは何を殺したか
日本の知性13人との闘論

原　真人

「日本経済が良くなるなんて思っていなかった、でもやるしかなかった」（日銀元理事）。史上最悪の社会実験「アベノミクス」はなぜ止められなかったか。どれだけの禍根が今後襲うか。水野和夫、佐伯啓思、藻谷浩介、翁邦雄、白川方明ら経済の泰斗と徹底検証する。

教育は遺伝に勝てるか？

安藤寿康

遺伝が学力に強く影響することは、もはや周知の事実だが、誤解も多い。本書は遺伝学の最新知見を平易に紹介し、理想論でも奇麗事でもない「その人にとっての成功」（＝自分で稼げる能力を見つけ伸ばす）はいかにして可能かを詳説。教育の可能性を探る。

シン・男はつらいよ
右肩下がりの時代の男性受難

奥田祥子

「ガッツ」重視の就活に始まり、妻子の経済的支柱たることを課せられ、育休をとれば、肩書を失えば、同僚らから蔑視される被抑圧性。「男らしさ」のジェンダー規範を具現化できず苦しむ男性が増えている。誰もが生きやすい社会を、詳細ルポを通して考える。